Branquitude

Branquitude

Diálogos sobre racismo e antirracismo

Organização
IBIRAPITANGA E LIA VAINER SCHUCMAN

Prefácio
CIDA BENTO

Posfácio
LIA VAINER SCHUCMAN

Prefácio

Esta publicação sobre branquitude, a partir dos debates ocorridos sob a coordenação do Instituto Ibirapitanga, reveste-se de muita relevância no momento político que estamos vivendo no mundo e no Brasil.

Como nos mostram os debatedores do encontro, tratar de branquitude é focalizar a violência racial incrustada nas instituições, a partir de um prisma relacional. Nesse sentido, trazemos para o centro do debate pessoas brancas cuja participação e responsabilidade na perpetuação do racismo permaneceu invisibilizada e silenciada ao longo da história do país.

O foco no legado concreto e simbólico do segmento branco na história do Brasil e o seu impacto nas desiguais condições de vida de brancos e negros na atualidade é imprescindível para redefinir o lugar da branquitude e enfrentar o racismo institucional.

É nesse diapasão que os debates sobre violência racial, tão intensificados nos últimos tempos depois dos assassinatos de George Floyd nos Estados Unidos e de Alberto Freitas no Brasil, além de tantos outros, levaram brancos antirracistas a se posicionar publicamente no sentido do enfrentamento do racismo institucional.

Transformar a relação de dominação que caracteriza a branquitude exige que brancos a reconheçam, desaprendam e desmistifiquem ideologias e histórias que os autorizam a colocar a população negra em posições socialmente subalternizadas.

Mais do que isso, exige uma redefinição de cidadania, durante a qual se discuta a desigual distribuição de recursos materiais e imateriais entre brancos e negros, sempre interseccionada com a condição de classe e gênero. A concentração de rendas e propriedades nas mãos de um pequeno grupo, majoritariamente masculino e branco, as más condições no mundo do trabalho, a falta de oportunidades de educação, a falta de acesso à saúde e moradia e o racismo ambiental que penalizam a maioria da população brasileira têm que ser debatidos à luz de pactos não verbalizados de dominação para que se alcance uma verdadeira transformação social.

O Instituto Ibirapitanga se propôs a contribuir com esse processo, e a realização do encontro, agora registrado nesta publicação da Fósforo, mostrou-se um novo passo nessa direção.

CIDA BENTO

Introdução

Ainda que a luta contra o racismo no Brasil tenha sido presente e consistente ao longo de nossa história — sobretudo graças aos movimentos negros —, os últimos anos foram especialmente marcados por considerável alargamento das demonstrações antirracistas no país e no mundo. Mesmo diante da proeminência que o debate racial adquiriu, o racismo segue sendo — com a marca da violência e da desumanização — o principal elemento estruturador do sistema de desigualdades que organiza a sociedade brasileira.

Além do trabalho constante, lidar com esse desafio exige, em primeiro lugar, que o racismo deixe de ser um problema apenas dos movimentos negros, e que o combate a essa forma de opressão se torne um projeto concreto de toda a sociedade, uma vez que está profundamente imbricado na construção do nosso país. Mais do que isso, os caminhos para desarticular essa estrutura estão na própria compreensão dos mecanismos que estabelecem privilégios e hierarquias raciais. Compreender o lugar das pessoas brancas na produção e reprodução do racismo é condição fundamental para o seu enfrentamento.

Essa foi a questão que orientou, em 2020, o Instituto Ibirapitanga a realizar o encontro "Branquitude: racismo e antirracismo", com a cocuradoria de Lia Vainer Schucman. Como organização dedicada à defesa de liberdades e ao aprofundamento da democracia no Brasil, e uma das primeiras fundações brasileiras com um programa inteiramente dedicado à promoção da equidade racial, partimos da demanda por discutir e implementar práticas antirracistas. Entendemos, a partir de movimentos atualizados de escuta e diálogo, que seria essencial nos valer do enorme acúmulo de pesquisas, reflexões e lutas construídas por atores centrais no campo para dar contorno ao próprio conceito de branquitude e suas implicações nessa luta.

Realizado em formato on-line,* de 26 a 28 de outubro de 2020, o evento foi constituído por cinco diálogos, espaços de troca entre diferentes atores que compõem e fortalecem o combate ao racismo no Brasil e nos Estados Unidos.

O primeiro, entre Cida Bento e Robin DiAngelo, mediado por Thiago Amparo, teve a intenção de discutir o lugar do branco na luta antirracista, os limites e possibilidades diante da própria branquitude. A discussão teve o intuito de compreender quais mecanismos de produção de desigualdades raciais asseguraram aos brancos um lugar de conforto racial em que eles não precisam se posicionar e agir contra o racismo. Outro diálogo abordou o protagonismo negro no desvelar da branquitude, contando com apresentações de Lourenço Cardoso e Deivison Faustino sobre os diferentes benefícios que os sujeitos recebem ao serem incluídos dentro da categoria "branco". Os dois pesquisadores e ativistas trouxeram reflexões acerca do que é evidenciado quando o olhar do negro recai sobre o branco.

* Todos os diálogos do encontro estão disponíveis no canal Instituto Ibirapitanga, no YouTube. (Esta e as demais notas são da edição.)

Diante das assimetrias produzidas por uma sociedade dividida pelo racismo estrutural, onde brancos e negros ocupam lugares simbólicos e materiais bastante distantes entre si, coube a Sueli Carneiro e Lia Vainer Schucman, com mediação de Ana Paula Lisboa, discutir os desafios e possibilidades das alianças entre brancos e negros para a luta antirracista. Esse diálogo propôs reflexões importantes para brancos e negros avançarem em práticas antirracistas que de fato possam transformar nossa sociedade. Pensando o papel da comunicação na produção do racismo, Liv Sovik e Tiago Rogero* trouxeram perspectivas fundamentais para entender como indivíduos e instituições podem se utilizar de mídias sociais, veículos de comunicação, produção literária e audiovisual para o fortalecimento da luta antirracista.

Para fechar o ciclo de diálogos, Jurema Werneck e Thula Pires, mediadas por Bianca Santana, conversaram sobre o que podem os indivíduos diante da máquina de gerar desigualdades que é o racismo estrutural. O encontro se encerrou buscando responder à pergunta: de que forma cada um de nós pode agir para desmantelar essa estrutura?

Em 2021, os debates foram sistematizados em um livro composto das transcrições e edição das falas. Seu lançamento, no mesmo ano, abriu espaço para um novo debate, agora entre Ronilso Pacheco e Winnie Bueno, com a mediação de Lia Vainer Schucman, cuja transcrição foi incluída na segunda edição pelo Ibirapitanga. Guiados pela pergunta sobre o que era preciso avançar e mobilizar na atuação de pessoas brancas tendo como horizonte a questão racial, os autores foram provocados a atualizar o desafio inicial pensando em como avançar nas práticas antirracistas para além das ações de conhecimento e debate.

* No seminário, esta mesa contou também com a participação de Nic Stone, cujas falas estão disponíveis no YouTube.

Este volume, agora editado pela Editora Fósforo e acrescido de prefácio atualizado de Cida Bento e novo posfácio de Lia Vainer Schucman, organiza, de certa forma, o percurso através do qual fomos apresentando e reformulando esse debate. Se o campo de ação parece ser infinito, é preciso reconhecer os enormes avanços que temos visto nas organizações, na sociedade como um todo e no âmbito político para um país mais equânime racialmente. A criação do Ministério da Igualdade Racial, liderado por Anielle Franco, talvez possa ser um dos grandes símbolos dessas conquistas. Sua premissa fundamental, baseada na transversalidade da questão racial em todas as políticas, reforça o próprio reconhecimento da dimensão estruturante do racismo e mostra, assim como as outras conquistas em várias esferas da sociedade, que ainda que não sejam capazes de superar todos os desafios, atualizam permanentemente as formas de enfrentá-los com mais ferramentas e repertório social e político.

E quais são hoje os novos desafios para pensar o papel e o engajamento dos brancos na luta antirracista? Longe de esgotar essa questão, entendemos que é fundamental assumir uma postura ética e responsável orientada à ação de questionamento do privilégio branco e enfrentamento do racismo estrutural. Muito além da reflexão, este livro é um recurso para alimentar a construção de ações profundamente comprometidas com esse imperativo urgente.

O branco na luta antirracista: limites e possibilidades

ROBIN DIANGELO, CIDA BENTO E THIAGO AMPARO

Os brancos no Brasil e nos Estados Unidos vivem em sociedades que os protegem e os desresponsabilizam das tensões e hierarquias raciais advindas do racismo sistêmico. Cida Bento e Robin DiAngelo foram pioneiras em pensar os mecanismos psicossociais desses sujeitos para a legitimação e a manutenção das hierarquias por meio dos conceitos de pactos narcísicos entre brancos e fragilidade branca. Como funcionam tais mecanismos? Como os pactos se associam à ideia de fragilidade branca? De que forma esses dispositivos de produção de desigualdades raciais asseguraram aos brancos um lugar de conforto racial em que eles não precisam se posicionar e agir contra o racismo? A partir dessas perguntas, este texto tem como propósito pensar o lugar do branco na luta antirracista e os limites e as possibilidades diante da própria branquitude.

Thiago Amparo

Robin, seu livro *White Fragility: Why It's So Hard for White People to Talk About Racism*, que foi publicado no Brasil como

Não basta não ser racista, sejamos antirracistas,* foi lançado, nos Estados Unidos, em junho de 2019 e estreou como best-seller do *New York Times*, sendo traduzido para mais de dez idiomas. Nele você fala sobre fragilidade branca. O que seria ela? Você menciona esse lugar de conforto em que pessoas brancas usufruem de seu privilégio. Como, na discussão de temas raciais, a fragilidade se relaciona com a posição de privilégio, de poder na sociedade, que as pessoas brancas, em geral, possuem? E o que é esse privilégio?

Robin DiAngelo

Primeiro vamos falar sobre o que é a fragilidade branca. A parte da palavra "fragilidade" serve para enfatizar o quão pouco é necessário para que pessoas brancas tenham uma erupção de reações de autodefesa, raiva e dor. O impacto dessa erupção não é nada frágil, é como um vidro quebrado. Por trás dele, há o peso de um poder institucional — histórico e atual — e de autoridade jurídica. Isso se transforma em uma arma de defesa que, de forma poderosa, funciona para impedir a nós mesmos de nos desafiarmos nas nossas posições de privilégio e conforto.

Funciona como um tipo de bullying racial branco cotidiano. Porque nós, pessoas brancas, fazemos com que seja algo tão punitivo para pessoas não brancas nos desafiarem, que eu imagino que frequentemente elas escolherão não nos desafiar. Elas não querem arriscar ficar pior.

A fragilidade branca é uma sociologia da dominação, da forma como nós mantemos nossas posições e as protegemos. Não há algo único que cria isso, são vários fatores. Primeiro, temos o individualismo, uma ideologia muito preciosa, que

* Robin DiAngelo, *Não basta não ser racista, sejamos antirracistas*. Barueri: Faro Editorial, 2020.

nos permite nos isentarmos das forças de socialização, que nos permite ficar irritados. Só o fato de que hoje estamos falando de pessoas brancas, em termos gerais, deixa muitas pessoas brancas irritadas, porque "você não me conhece, você não sabe como sou diferente". Segundo, temos a ideologia da meritocracia, de acordo com a qual nós temos o que temos porque trabalhamos duro, não porque trabalhamos duro dentro de um sistema que recompensou o nosso trabalho duro. Portanto, quando isso é questionado, diz respeito às nossas identidades. Outro fator é o binarismo do bem e do mal, a ideia simplista de que o racista é uma pessoa ruim, que conscientemente não gosta das pessoas baseando-se em raça e que intencionalmente quer feri-las. O racista seria uma pessoa ruim, e eu não sou essa pessoa. Se eu sou uma pessoa boa, eu não posso ser racista. Se você sugerir que sou racista só por eu ser branco ou branca, em uma sociedade que está hierarquicamente estruturada em assimetrias de raças, na minha cabeça, você está questionando o meu caráter moral, e eu tenho que defender o meu caráter moral. O último fator (talvez existam outros), que é também o mais difícil de admitir, é a superioridade internalizada. Pesquisas nos Estados Unidos mostram, e tenho certeza de que uma pesquisa também mostraria isso no Brasil, que crianças percebem muito cedo que é melhor ser branco. Ninguém perde de vista essa mensagem. Dessa forma, em algum nível, eu acredito que eu mereço o que eu tenho, que eu mereço essa posição, porque sou inerentemente superior ao negro e ao seu grupo.

Tudo isso se apresenta de forma conjunta. Há várias contradições, mas não precisa ser racional, só precisa funcionar para retirar o racismo da discussão e proteger o status quo, que é o racismo sistêmico.

Thiago Amparo
Com relação a isso, Cida Bento menciona na tese dela o "pacto narcísico", sobretudo na parte em que fala que esse pacto "implica na negação, no evitamento do problema com vistas à manutenção de privilégios raciais. Há o medo da perda desses privilégios, e o da responsabilização pelas desigualdades raciais". Esse pacto narcísico da branquitude, aparentemente, tem muito a ver com o que a Robin diz sobre essa superioridade internalizada e com a ideia de quem olha para si mesmo de uma forma narcísica. Poderia nos falar a respeito, Cida?

Cida Bento
Dois fatos recentes do Brasil são exemplos do que eu entendo como pacto narcísico e seus resultados: de um lado, uma jovem mulher, alta liderança de um banco, falando que a ampliação da presença negra poderia representar um nivelamento por baixo do banco;* e, de outro, em um dos maiores colégios de São Paulo, o diretor declarando que as cotas estão destruindo as universidades pela ampliação da presença negra.**

O que une essas falas é o seguinte enunciado: "nossa instituição funciona muito bem sendo exclusivamente branca, ela

* Em um importante programa de entrevistas, uma das fundadoras de uma start-up brasileira que atua na área financeira (Nubank), ao ser questionada sobre a representatividade racial em sua empresa, admitiu a existência desse problema, justificando-se que a contratação de negros "sempre foi difícil" e que a empresa "não pode nivelar por baixo", diminuindo seu grau de exigência. Vídeo disponível em: <www.youtube.com/watch?v=2vYX8B-Ro7M>. Acesso em: 23 nov. 2022.

** Em entrevista em outubro de 2020, o diretor do Colégio Bandeirantes, em São Paulo, criticou a política de cotas, justificando que a reserva de vagas insere "alunos completamente despreparados" na universidade pública, "destruindo a universidade e disfarçando o problema" da disparidade educacional no país. Texto disponível em: <vejasp.abril.com.br/cidades/ensino-hibrido-diretor-bandeirantes/>. Acesso em: 23 nov. 2022.

tem nível de excelência porque ela é exclusivamente branca. A entrada de negros por cotas ou programas de ações afirmativas vai quebrar a excelência da nossa instituição".

Esse é o pacto narcísico. É olhar para um país como o Brasil e perceber que em todo o tipo de organização as lideranças são brancas. O Judiciário, o Executivo, o Legislativo, as grandes empresas, as organizações da sociedade civil, as esquerdas, as direitas e o centro são brancos. Eles têm um jeito de assegurar a presença branca contínua ao fortalecer a preferência silenciosa e profundamente ideológica por iguais.

Quando a liderança do banco e o diretor dizem "nossa instituição tem excelência porque ela é toda branca", eles estão na mesma ponta de uma linha cujo outro lado é: "nossa sociedade vai ter um grau de excelência se só tiver branco. Portanto, gestor público, Estado, vá para as favelas cumprir o seu papel que é matar negro". De cada dez assassinados no Brasil, oito são negros. Esse é o dado mais recente do ano de 2020.

Se em uma ponta eu tenho o gestor público, o profissional de recursos humanos e a alta liderança dizendo: "nossa instituição precisa continuar branca para continuar em um nível de excelência", do outro lado, é esse discurso — eu quero ressaltar a importância do discurso que quem tem dinheiro e está em condição de dominação pode fazer repercutir em todos os meios de comunicação, nos livros didáticos, na televisão e em toda a sociedade — que sustenta a fala "somos os melhores, os mais bonitos, os mais competentes, estamos aqui porque merecemos". A meritocracia é usada o tempo inteiro para justificar isso. E, na outra ponta — eu faço muita questão de enfatizar isso —, nós também estamos dizendo: "essa sociedade não vai adquirir níveis de excelência com os negros", e é esse posicionamento que leva à violência e à busca pelo extermínio da população negra.

Um último ponto é: os homens que escondem o dinheiro na cueca, como aconteceu no Brasil* e correu o mundo inteiro; e as três maiores lideranças do governo presas por corrupção ativa exercida durante muitos anos não estudaram nas favelas, eles estudaram nesses colégios que se dizem de excelência. É de lá que eles vêm. Não vai me dizer que eles subiram o morro para estudar na favela. Então, também quero reforçar que é preciso pensar sobre esse nível de excelência das instituições no Brasil, porque é de lá que muitos deles saem, esse gestor público, essa liderança governamental, esses grandes empresários que compram políticos que vemos nas manchetes dos jornais todos os dias. Eles não estudam na favela, eles estudam nesses grandes colégios.

O pacto narcísico é um pacto de preferenciamento e fortalecimento entre iguais, mas também é um pacto de morte. O conceito de narcisismo é um conceito de morte, no sentido de que uma sociedade é desumanizada e desfigurada por um grupo que quer se manter no poder a qualquer preço, ficando cada vez mais assustado e violento com a ampliação das vozes negras que apontam a branquitude como relação de expropriação e dominação. É esse pacto narcísico que o mantém nessa condição de privilégio e poder. E esse lugar é estéril e de morte no sentido de que a uniformidade não é geradora de vida, não cria o novo, só representa "mais do mesmo".

* Em outubro de 2020, em uma operação da Polícia Federal contra um suposto esquema de desvio de recursos públicos destinados ao combate do coronavírus em Roraima, o senador do estado Chico Rodrigues (DEM) foi flagrado tentando esconder dinheiro na cueca. Texto disponível em: <g1.globo.com/rr/roraima/noticia/2020/10/14/operacao-da-pf-mira-esquema-de-desvio-de-recursos-destinados-ao-combate-do-coronavirus-em-rr.ghtml>. Acesso em: 23 nov. 2022.

Thiago Amparo
Robin, você falou da ideia de meritocracia como uma forma de reforçar a dificuldade de entender a branquitude, a fragilidade branca. No seu livro, há a ideia de que as pessoas brancas não pensam sobre si como seres racializados, como quem possui uma perspectiva racial em suas interações sociais.

Você também afirma que a raça e a branquitude são ficções construídas socialmente. Eu queria entender um pouco o que isso significa. O que você quer dizer efetivamente com a ideia de que são ficções, construções sociais? O processo de uma pessoa branca se reconhecer como branca, como dotada de branquitude, é similar ou diferente do processo de pessoas negras se tornarem pessoas negras?

Robin DiAngelo
Talvez você possa ter ouvido falar de pessoas que vão para os Estados Unidos e dizem: "Eu não era negro até chegar nos Estados Unidos". Frequentemente, as pessoas que vêm de países africanos, como Quênia ou Nigéria, não sentem essa sensação de ser negro. Raça é uma construção social e suas fronteiras e seus limites são diferentes e se modificam em contextos diferentes. Mas ainda assim possui significados e consequências absolutamente reais para as nossas trajetórias de vida.

Eu, Robin, branca, não fui criada para pensar sobre mim mesma em termos raciais. Eu entendi que alguém tem raça. Você, Thiago, negro, tem raça. E, se há um problema com raça, então, você tem um problema, e eu sinto muito que você tenha um problema, mas estou feliz que eu não seja parte dele, e espero que você desvende seu problema. É uma loucura. Seria como um homem dizendo para mulheres: "Eu compreendo que o patriarcado seja difícil para vocês. Eu espero que vocês resolvam a questão do patriarcado. E me informem quando vocês resolverem isso".

Isso tem vários impactos. Ao racializarmos o outro e não a nós mesmos, nos conferimos objetividade, a chamada universalidade. Eu não falo a partir de uma posição particular, portanto, posso falar em nome de todos. Você, porém, só pode falar a partir de uma posição limitada e com um viés específico. Você só pode falar sobre pessoas negras, por exemplo. Ao marcar e nomear a raça daqueles que não são brancos, nós reforçamos essa noção de que as pessoas brancas são apenas pessoas. Entender que as pessoas brancas são o padrão para aquilo que significa ser humano, ser o humano ideal, e que todas as outras pessoas são versões deficientes desse ideal, é o que chamamos de supremacia branca.

Não nos vermos em termos raciais permite não só que tenhamos objetividade e universalidade, mas uma espécie de inocência racial. As pessoas brancas não são racialmente inocentes, mas querem se posicionar dessa maneira: "Eu não sei nada sobre raça, portanto, eu vou recorrer a você, e você pode me ensinar".

Esse comportamento é uma forma de colonialismo. É como se ordenassem: "Abra seu peito, dê os frutos de todo o seu trabalho para mim. Eu não farei nada em retorno, mas vou receber esses frutos. Vou examiná-los e determinar qual deles são legítimos ou não. Vou me situar como um árbitro objetivo, arbitrar se está ou não acontecendo racismo e você pode tomar nota disso". Mas quem é percebido como detentor de autoridade para falar sobre racismo? As pessoas brancas. Quem é tido como tendencioso? As pessoas negras. Isso é ultrajante. Porque são os brancos, na verdade, os mais tendenciosos, os que mais estão imbricados nesse sistema que nos favorece. Como um peixe que nada de acordo com a corrente, é mais difícil para os brancos enxergarem.

Enquanto brancos, temos uma limitação e uma perspectiva particular do mundo, mas ela não é universal, não representa todos. É crucial que nós possamos compreender isso, como Cida observou. Parece-me que 90% do Brasil é não branco e, ainda assim, as pessoas brancas detêm todas ou quase todas as posições de poder. Trata-se de poder, e não de números. Essa homogeneidade garante esse viés embutido no sistema.

Por fim, enquanto pessoa branca, eu vivo, amo, trabalho, brinco e crio todos os dias em uma sociedade racista; e todos os dias, eu faço isso a partir do conforto racial que tenho garantido como pessoa branca. Em outras palavras, enquanto uma pessoa branca, estou confortável em uma sociedade racista.

Isso é muito profundo e muito significativo. Por essa razão, nós não vamos desafiar a estrutura, porque há um conforto branco, exigido pela fragilidade branca, os quais sustentam a própria estrutura.

Thiago Amparo
Cida, dessa construção da ideia de branquitude que Robin menciona, a qual, no fundo, tem a ver com poder, deriva a questão sobre a construção racial no Brasil, especialmente de pessoas pardas, esse lugar entre definições, e que só acontece em alguns contextos. Muitas pessoas que são vistas como brancas ou pardas no Brasil são consideradas latinas nos Estados Unidos, e essas construções também variam em outros contextos.

Historicamente, o movimento negro brasileiro tem tentado colocar — com razoável sucesso — pretos e pardos juntos na categoria negro,* justamente por entender que a raça é construída socialmente. Você poderia discorrer sobre essa construção do Brasil que, de certa forma, difere dos Estados Unidos — de forma não menos brutal —, e comentar os dizeres de Robin?

* A atual classificação racial proposta pelo IBGE se organiza por um sistema que articula as categorias de raça e cor. Assim, pretos e pardos fazem parte do grupo racial negro, ao passo que mantêm as especificidades de seus pertencimentos — bem como das formas de discriminação que enfrentam — pela identificação da cor da pele.

Cida Bento

Sobre essa questão da neutralidade branca trazida por Robin, há vários estudiosos, nos Estados Unidos, que dizem que branquitude não é identidade, não significa processo de identificação, justamente porque ela é essencialmente uma reação negativa frente à presença negra. Eu me lembro da primeira matéria publicada na época das discussões sobre as cotas, há mais de dez anos, em um dos nossos maiores jornais, em que uma manchete perguntava: "E os nossos 19 milhões de brancos pobres?".* Foi a primeira vez que eu vi explicitamente a reivindicação desse lugar de branco. Até fiz um artigo sobre isso, sobre o branco universal que, de repente, se coloca como branco em resposta ao negro. Vários estudiosos negros, como James Baldwin, ou W.E.B. Du Bois e outros, dizem que a branquitude "não é identidade pela maneira maliciosa como é construída".

Sobre a sua pergunta, quando o movimento negro juntou pretos e pardos para significarem negros, ele fez isso porque a categoria pardo, no que diz respeito aos dados sobre saúde, educação, trabalho, é muito mais próxima à dos negros do que à dos brancos. Então, pretos e pardos somam um percentual, na sociedade brasileira, de mais da metade da população.

Raramente entro nessa discussão, assim como não discuto colorismo, porque não quero abrir uma brecha para um oportunista dizer "o sistema de cotas não vale", "os próprios negros dizem que a questão do pardo envolve colorismo". Reconheço que a discriminação, o racismo e os assassinatos são mais intensos quanto mais negra for a pele da pessoa, mas não quero contribuir

* A frase mencionada foi proferida pelo então senador do estado de Goiás, Demóstenes Torres, do partido Democratas, ao condenar a política de cotas raciais em entrevista ao jornal *Valor Econômico*, de 5 de março de 2010. Texto disponível em: <www2.senado.leg.br/bdsf/bitstream/handle/id/460899/noticia.htm?sequence=1>. Acesso em: 23 nov. 2022.

para que se diminua o percentual de cotas para negros na sociedade. Nos últimos anos, fui chamada muitas vezes para tratar do assunto, e estive do lado que batalha para permanecer conforme se estabeleceu. Penso que enquanto pudermos impedir a deslegitimação do sistema de cotas, vamos batalhar para isso.

A terceira questão é sobre o que Robin falou, e o que você fala também, que é se colocar fora da história. Primeiro, o que me chama muito a atenção é o silêncio. É essa ingenuidade falsa que a Robin expõe. Tem uma pesquisadora no Brasil que eu gosto muito, que também é branca — a Edith Piza —, que usa o termo "lacuna moral",* ou seja, um buraco ético e moral que faz com que o branco tenha uma ingenuidade, como se dissesse: "Ah, mas eu não tenho culpa, eu não sei do que você está falando"; "É uma questão de mérito"; "Eu tenho mérito, por isso estou nesse lugar". A lacuna moral faz com que tudo fique invisibilizado, e o branco deposite nesse vazio toda a sua branquitude. Portanto, ao se colocarem fora da história, eles, na verdade, entram nela como agentes, como se dissessem: "Vamos ver o que é possível fazer com essa negrada". De que jeito eu posso dar uma contribuição para a negrada, ajudá-los a entrar no trabalho, ajudar esses negros a estudar. Um ato caridoso! E assim, silenciam sobre a sua parte na história do Brasil, seja como protagonista e/ou beneficiário de uma expropriação que durou quase quatro séculos e que perdura até a atualidade.

Discutir branquitude é discutir questões econômicas, políticas, sociais e, no fundo, a hegemonia nos lugares de poder e de prestígio. Essas pautas despertam medo, porque falam de todo o aparato da nossa sociedade, construído a partir da ex-

* Edith Piza, "Branco no Brasil? Ninguém sabe, ninguém viu..." In: Lynn Walker Huntley e Antônio Sérgio Alfredo Guimarães (Orgs.), *Tirando a máscara: ensaios sobre o racismo no Brasil*. São Paulo: Paz e Terra, 2000, pp. 97-125.

propriação de quase quatro séculos, com a escravidão, e mantido depois de muitos outros jeitos.

Thiago Amparo
Esses apontamentos elevam a discussão, pois não basta simplesmente reconhecer que existe racismo, mas é necessário trabalhar a branquitude, o que a Robin chama de vidros quebrados, enfrentar essa fragilidade, enfrentar esses pactos narcísicos. Requer uma mudança estrutural.

Robin, algo que eu acho interessante no seu livro é a menção de que brancos progressistas causam mais danos às pessoas negras pelo modo como reagem ao racismo. No Brasil, temos uma discussão cada vez mais crescente sobre o conceito de racismo estrutural e da importância de se debatê-lo. Muitas pessoas brancas utilizam a frase de Angela Davis "Não basta não ser racista, tem que ser antirracista" e não avançam, muitas vezes, além do reconhecimento do racismo estrutural. Por exemplo, já participei de debates em que uma pessoa branca, antes de iniciar sua fala, fez uma lista de referências sobre racismo sem entrar em muitos detalhes quanto ao que de fato é necessário ser feito para que haja uma mudança na sociedade. Como pessoas brancas que se reconhecem progressistas podem ir além de simplesmente reconhecer que existe racismo estrutural e o que pode ser feito além desse reconhecimento?

Robin DiAngelo
Primeiro, eu gostaria de retomar o que a Cida disse sobre a antinegritude. Os dois pilares da construção do racismo são o branco e o negro. Não há branquitude sem negritude. Pessoas brancas não podem ser superiores se não há a inferioridade projetada nas pessoas negras. Logo, a posição de alguém entre esses dois pilares é o que molda a experiência de racialização. A antinegritude

perpassa todos os grupos. De novo, há o colorismo: quanto mais escura é a pele, mais agravada será a opressão que a pessoa vai vivenciar. Ainda assim, quem está sendo levantado e quem está sendo massacrado? Isso ainda beneficia a mim e não beneficia você, certo? Quando pessoas negras também compactuam com o sistema, chamo de racismo internalizado.

Respondendo sobre os progressistas brancos, primeiro devemos nos perguntar quem são eles. Eu sou o exemplo clássico. Tenho boas intenções, sou aberta, liberal etc. Embora existam pessoas brancas nacionalistas extremas no Brasil, tal como nos Estados Unidos, onde há uma expansão desse grupo, pessoas como eu causam as maiores dores cotidianas às pessoas negras. Por quê? Porque, de forma cotidiana, no mundo acadêmico, por exemplo, você pode ou não interagir com pessoas como eu, pessoas agradáveis, brancas, bem-intencionadas, mas elas continuam gerenciando tudo, mandando vocês para casa exaustos, perguntando-se se vale ou não a pena abordar essa questão.

Os assédios são as sutilezas: as atitudes que eu poderia negar ter — porque não são tão explícitas —, que podem ser as mais enlouquecedoras, as mais difíceis. Eu não tenho menos racismo, não internalizei menos a ideologia racista, não opero menos padrões ou investimentos racistas porque sou progressista, ou porque nasci na pobreza, ou porque sou mulher. Eu simplesmente aprendi o meu lugar na ordem racial, a partir de uma perspectiva diferente de classe e gênero do que um homem branco aprendeu sobre seu lugar, mas eu aprendi o meu espaço.

Então, o que os progressistas brancos podem fazer é nunca se isentarem. Nunca verem a si mesmos como "os convertidos". Não há um convertido branco, nenhum. No momento que eu penso que sou um convertido, serei um cúmplice, complacente, terei certeza de que não sou eu e vou ficar na defensiva caso você tente me dizer que sou eu. Há pessoas brancas que se percebem como antirracistas e você pode não as perceber assim, apesar de elas terem essa autopercepção.

As pessoas brancas não devem se perguntar se fazem parte da construção racista, mas *como* fazem parte dela. Isso faz parte de um longo processo de vida. Não há um momento no qual esse processo se conclui. Eu ainda não o terminei. É isso que tenho a apresentar para progressistas brancos. A mensagem principal é: nunca se isentem.

Thiago Amparo
Cida, qual é o papel de pessoas brancas que se colocam como progressistas e como antirracistas, e o que isso significa? E adiciono uma pimenta nesse tempero: discutir as relações raciais em termos de branquitude aumenta a adesão de pessoas brancas à luta antirracista e gera uma mudança estrutural, ou é uma forma de focar a questão novamente em pessoas brancas, para que elas se sintam confortáveis com a discussão sobre o racismo?

Cida Bento
Eu não acho que o branco se sente confortável ouvindo o que ele está ouvindo hoje. Há uma questão discursiva bem importante de ser recolocada. Uma coisa é falar do problema do racismo institucional, de como isso afeta os negros, de como isso interfere na sua condição de vida e tal. Outra coisa é situar isso enquanto privilégio do branco, chamar atenção para a manutenção por meio de comportamentos ocultos, na maioria das vezes. Como toda boa e velha ideologia, não vemos o que mantém o status quo branco do jeito que é hoje. Por isso, é fundamental falar de branquitude, assim como de masculinidade e não só da mulher.

Eu penso, como a Robin, que o primeiro passo é o branco reconhecer. Não tem como ele não ser beneficiário do que está colocado no nosso país, em todos os sentidos. O branco mais pobre ainda é beneficiário da sua condição de branco se comparado com o negro pobre. A sua condição de branco lhe confere sempre um degrau acima.

Costumo dizer que sou uma pessoa que trabalha muito mais com brancos do que com negros porque, pelo Centro de Estudos das Relações de Trabalho e Desigualdades (CEERT), trabalho dentro das instituições, onde o incluído é branco. O cara que tem uma caneta na mão para tomar decisão é branco. Muitas vezes, na sociedade civil, em órgãos públicos, em órgãos revolucionários de esquerda, a criatura com a caneta da decisão na mão ainda é branca. Vejo muitas mudanças nesses espaços, ainda que paulatinas e não no ritmo que gostaríamos, mas sempre penso que o antirracista tem que seguir esse caminho de ir olhando a sua condição de privilégio.

No entanto, ele pode fazer muito do lugar onde está. Desse colégio em que o diretor disse que as cotas e a ampliação da presença negra destroem as universidades, o que se espera? Que os pais brancos, os professores brancos, os outros gestores dessa escola se manifestem dizendo: "Essa é a voz dele, não é a nossa voz". Outras vozes brancas têm que desmentir isso, têm que desdizer isso — assim como a liderança do banco que falou que a entrada de negros vai nivelar o padrão de qualidade da instituição por baixo fez um extenso documento se desculpando e se comprometendo com mudanças. Eu enxergo a contribuição do branco vinda do lugar onde ele está, porque ele está dentro das instituições. Ele está no lugar onde são tomadas as decisões, seja qual for esse lugar.

Não acho que essa discussão seja uma moda. Ela não surgiu por causa do assassinato de George Floyd, embora o seu caso a tenha intensificado. Desde antes, há um caldo crescente do movimento negro empurrando o branco para se posicionar. A pessoa branca não está se posicionando porque resolveu fazê-lo. Há uma pressão crescente do movimento negro, que leva ao patamar das discussões atuais. E cresce também o número de brancos que estão se questionando a respeito do assunto. Evidentemente, o avanço desse reconhecimento não se dá no ritmo que gostaríamos, mas é bem interessante.

Há vários estudiosos de identidade que dizem o seguinte: "O branco pode negar a sua branquitude — e em um certo momento ele pode falar 'parou agora, eu já caminhei o que eu deveria enquanto branco e daqui eu não vou mais para frente' —, o negro, se negar a negritude dele, terá um impacto muito maior na própria vida, material e imaterial, simbólica e concreta". O branco, a curto prazo, pode dizer: "Chega de brincadeira de falar de negro, eu vou ficar na minha condição de privilegiado branco". Isso também é uma coisa para se pensar quando a gente está discutindo antirracismo. Qual é o ponto? Qual é a extensão da corda? Quanto vai ser possível esticá-la? E o branco ainda precisa ser muito pressionado para não parar o ritmo de mudança que a sociedade brasileira precisa.

Thiago Amparo

Podemos falar sobre se as pessoas brancas podem ser de fato antirracistas, e qual o papel de aliados ou não aliados.

A Cida traz um elemento importante, que é essa necessidade de reconhecimento da branquitude como algo constante. É muito fácil que pessoas brancas se voltem para seu pacto narcísico e se percam olhando no espelho em vez de olhar essencialmente para essa forma de desconstruir a estrutura racista.

Robin, em entrevista para o jornal *Folha de S.Paulo*,* você disse que crianças entre três e quatro anos já aprendem a ser

* Fernanda Mena, "'É irônico as pessoas brancas serem tão sensíveis a falar de raça', diz autora de livro sobre antirracismo". *Folha de S.Paulo*, 24 out. 2020. Disponível em: <www1.folha.uol.com.br/cotidiano/2020/10/e-ironico-as-pessoas-brancas-serem-tao-sensiveis-a-falar-de-raca-diz-autora-de-livro-sobre-antirracismo.shtml>. Acesso em 12 jan. 2023.

racistas. Queria que você comentasse a fala da Cida e também trouxesse uma ideia sobre como nasce a noção de racismo e de branquitude nas crianças pequenas.

Robin DiAngelo
Consciência sem ação não tem significado. Pessoas brancas que simplesmente reconhecem que têm privilégio branco e ficam só nisso não têm significado. Eu, na verdade, não me chamo de aliada, não me chamo de antirracista. Estou envolvida em um trabalho antirracista, mas realmente acredito que cabe a vocês, Cida e Thiago, decidirem se em algum momento estou me comportando de maneira antirracista. Isso não é algo em que eu possa me transformar e depois nunca mais ser racista novamente.

Eu estou, de fato, agindo de maneira que você possa determinar ser uma postura de aliada? Porque não cabe a mim determinar isso, uma vez que não tenho capacidade para tal — o que me lembra que eu preciso prestar contas a vocês. Tenho que estabelecer relações autênticas com vocês, de forma que possamos ter essas conversas difíceis e eu possa demonstrar para vocês, não que estou livre da minha condição racista da qual eu não estarei livre no meu tempo de vida, mas que, quando isso vem à superfície, eu posso refletir, eu posso buscar fazer diferente e melhor. É dessa maneira que eu tenho estabelecido relações interraciais de confiança. Não afirmando que eu nunca agirei de forma racista.

Há tantos progressistas brancos que acreditam que ser agradável significa ser antirracista, que sorrir, menear a cabeça, ser amigável, almoçar junto, às vezes, significa ser antirracista. Aparentemente, na mente branca, um racista não consegue ser agradável, não sabe sorrir ou agir de forma gentil, o que é um absurdo.

Essa cultura de agradabilidade protege o racismo, porque pressupõe que esse desconforto ou conflito é um sinal de problema. A cultura da agradabilidade é uma cultura do conforto. Sobre ser um aliado ou não, há uma escritora ativista negra, Ijeoma Oluo, que fala que a beleza do antirracismo é que você não precisa estar livre do racismo para se engajar na luta para desafiar o racismo, não só nos outros, mas também em si mesmo, como uma pessoa branca.

Vocês, Cida e Thiago, podem ter preconceito automático contra mim. Vocês não me conhecem, mas eu sou branca, e vocês têm um preconceito. Eu chamo isso de preconceito. Chamo o meu preconceito contra vocês de racismo, mas eu não chamaria o seu preconceito contra mim de racismo. Não chamo de racismo reverso. Não digo que pessoas negras são tão racistas quanto pessoas brancas. Digo que vocês são tão tendenciosos quanto pessoas brancas, mas o seu viés de preconceito não está fundamentado em uma perspectiva jurídica e em um controle institucional como o meu, o que transforma o meu viés em um sistema racista.

No que diz respeito às crianças, as mensagens mais profundas eu internalizei quando era mais jovem. Nós não nascemos racistas, nós aprendemos a ser racistas. As forças do racismo sistêmico influenciam todas as nossas vidas, mesmo antes de respirarmos pela primeira vez. Nos Estados Unidos, e imagino que no Brasil também, nós três poderíamos prever se cada um de nós sobreviveria ao nosso nascimento e se nossas mães sobreviveriam aos nossos nascimentos baseados em nossas raças. Essa é a profundidade do racismo sistêmico: até a minha sobrevivência foi moldada por minha raça. Temos que começar muito, muito cedo — e não porque precisamos nos sentir mal com relação a isso, mas essa internalização mais precoce orienta nossos comportamentos de modo muito mais forte do que a minha consciência adulta educada. Minha consciência adulta e educada é completamente antirracista. Minha estrutura profundamente internalizada é uma estrutura racista. E negar isso serve somente para protegê-la.

Thiago Amparo

Robin, sua fala se relaciona com o que está escrito em seu livro: a mensagem "Pare de ser legal" ("*Stop being nice*"). Ou seja, parem de preservar essa zona de conforto, pois é possível debatermos essas questões, e isso, muitas vezes, gera efetivamente conversas difíceis e conflitos que são necessários para a mudança.

Cida, você tem um texto sobre branqueamento e branquitude no Brasil, em que fala o seguinte: "O legado da escravidão para o branco é um assunto que o país não quer discutir".* Menciono essa citação porque muitas vezes falamos sobre o legado de séculos de escravidão para as pessoas negras, a sistemática racista contra pessoas negras, mas não falamos a respeito dos privilégios construídos historicamente e do legado da escravidão para as pessoas brancas.

Então, indago se essa ideia da branquitude e do pacto narcísico está revestida de autoridade legal e institucional. Ou seja, não é como as pessoas se sentem, mas como o poder é efetivamente distribuído na sociedade. A pergunta em si é: qual é o legado da escravidão quando olhamos a partir da perspectiva de pessoas brancas e como nós desmantelamos essas instituições e esse revestimento jurídico e social que blindam a branquitude, que foram construídos desde a escravidão?

* Maria Aparecida Silva Bento, "Branqueamento e branquitude no Brasil". In: Iray Carone e Maria Aparecida Silva Bento (Orgs.), *Psicologia social do racismo: estudos sobre branquitude e branqueamento no Brasil*. Petrópolis: Vozes, 2002, pp. 25-58.

Cida Bento
Comecei a entrar em contato mais direto com a branquitude no sindicato, quando eu fazia cursos, e era necessário explicar e discutir, na esquerda branca, por que a classe trabalhadora negra tinha menor salário, cargos piores, mais exclusão, mais desemprego. A liderança revolucionária branca dizia: "É por conta da escravidão, é um legado que eles têm da escravidão". Se eu perguntasse: "Qual é o seu legado, enquanto branco, da escravidão?", eles arregalavam os olhos: "Como assim? Não tem nada a ver, estamos falando dos pretos". Eu ouvi de feminista branca, de alta liderança sindical branca, isto: "Olha, eu não fui escravocrata, eu não tenho legado".

Não, cara-pálida, você tem legado, sim! Os negros têm, então você também tem. Qual é o legado? É absolutamente tudo que está aí. Quer dizer, quando eu observo o branco no lugar de privilégio e de poder financeiro, econômico e simbólico, eu sempre penso, como diz aquele filósofo do Fundo de Quintal: "Tem pedaço que é meu no teu pudim".* Eu me vejo expropriada.

Não é que eu não reconheça o mérito. Todos nós temos mérito e batalhamos, mas esse excedente que faz com que todas as instituições tenham lideranças masculinas e brancas — agora começamos a ter mulheres, mas a grande maioria é masculina e branca — faz com que eu me sinta expropriada. Concreta e simbolicamente, eles estão com o que é deles e com o que é dos segmentos negro, indígena e dos outros grupos.

Eu concordo com a Robin ao pensar nesse legado. Não é só ser legal na conversa, tem que concretamente responder a isso, e o movimento negro exige isso por meios legais, exige que as instituições ampliem a presença negra. Não basta ficar falando

* "Sem essa de malandro agulha". Compositor: A. Blanc; J. Vignoli. In: Zeca Pagodinho, *Zeca Pagodinho*. Rio de Janeiro: PolyGram, 1998, faixa 8 (3 min).

sobre o tema. Cada vez mais as bolhas brancas em uma sociedade absolutamente diversa causam desconforto. Não acho que os brancos estejam confortáveis. Cada vez mais eles estão desconfortáveis. Acho que as respostas brancas estão surgindo porque os brancos estão se sentindo encostados na parede pelo movimento de mulheres negras, pelo movimento negro e pelo movimento indígena. Estão cada vez mais sem saber o que fazer. Acho que há tudo por fazer.

Seguindo o que a Robin falou, e com o que eu concordo, é preciso se responsabilizar. Ou seja, o que devem fazer aqueles dois exemplos que citei no início, da banqueira dizendo que a entrada de negro nivela o banco por baixo e do diretor anticotas? Um programa consistente de cabo a rabo, lá de cima até lá embaixo, nos produtos, no serviço, na comunicação, na liderança, que amplie a presença negra de fato nas instituições em que estão presentes. De fato! No caso do colégio, os pais precisam exigir um programa que tenha concretude de mudança imediata. É isso que o branco precisa fazer onde quer que ele esteja. Lembrando sempre: ele é o cara incluído, então, ele tem tudo por fazer. Tudo! Ele é o cara que está nas instituições, ele tem tudo por fazer.

Thiago Amparo
Sobre esse aspecto da responsabilidade da branquitude crítica e da responsabilidade da fragilidade branca com relação às instituições e à autoridade legal, nós temos vivido um momento de crise da democracia, tanto no Brasil como nos Estados Unidos, em que, muitas vezes, a identidade branca é colocada como superior, ou a própria ideia de nação é colocada como se todos nós fôssemos brancos. Mesmo no contexto brasileiro, que é profundamente diverso, o presidente Bolsonaro, durante as eleições de 2018, dizia: "A minha cor é o Brasil", apagando a negritude e a população indígena e, portanto, enfatizando a branquitude.

Robin, até que ponto vai a responsabilidade da branquitude crítica, não só do ponto de vista local, mas também do ponto de vista da diáspora transatlântica, que foi muito marcada pela escravidão? E pensando de modo específico a partir do lugar dos Estados Unidos, que pode refletir sobre a própria branquitude internamente, mas também há uma responsabilidade internacional com relação à expansão de certo colonialismo ou imperialismo que tem muito a ver com o reforço da branquitude. A branquitude crítica é crítica o suficiente para se responsabilizar pelo genocídio, pela opressão na diáspora, e não só pensar em soluções locais? Quer dizer, ela é local ou ela é também um projeto voltado a repensar a branquitude internacionalmente?

Robin DiAngelo
Essa questão é relacional. Não é possível oprimir sem que outros grupos sejam erguidos. Isso é crítico. A ideia de que o projeto de branquitude só aconteceu durante a escravatura e foi encerrado com a abolição é absurda. Pensar dessa maneira é uma estratégia que as pessoas brancas usam para reduzir o racismo à escravidão e relegá-lo ao passado. Parte do que faço, enquanto educadora, é ajudar a traçar uma linha para o tempo presente. Tento utilizar exemplos do presente, mostrar dados demográficos e ajudar as pessoas a trazerem essa questão para o presente. É um sistema altamente adaptável. Continua se adaptando.

É claro que essa é uma resposta muito grande, muito complexa, e eu acredito que isso não terá um fim durante a minha vida. Mas, se olho para isso de forma ampla, me sinto imobilizada. Então me pergunto: "O que é que eu posso fazer para colocar o racismo na discussão e mantê-lo como centro do debate?".

Ibram X. Kendi diria que a definição de uma política racista é qualquer política que possa resultar em desigualdade racial.

Há apenas duas explicações para o fato de que nós temos os brancos no topo e os negros em posição inferior: ou as pessoas negras são inferiores e os brancos são superiores ou o racismo é sistêmico. Se o racismo sistêmico não é utilizado para compreender esse resultado, então a análise feita para interpretá-lo será racista, e é necessário ser honesto quanto a isso.

A maioria das pessoas não admite que quer partir de uma análise racista, principalmente em uma instituição de ensino superior. Nossas políticas públicas são discutidas e, quando as observamos, reconhecemos o poder na avaliação de professores. Sabemos claramente que professores negros recebem uma avaliação diferente. Sabemos que os que ensinam teoria crítica sobre raça ou tópicos semelhantes serão avaliados diferentemente daqueles que não ensinam esses temas. Os que se dedicam a esses temas passam a se responsabilizar por isso. Se, na academia, você faz parte de um grupo minoritário — e acredito que seja esse o seu contexto, Thiago —, você nota a carga de trabalho e a expectativa que os estudantes negros depositam em você. Você vai ser o mentor dos estudantes negros, você vai fazer todo o trabalho de diversidade, você será aquela presença única em todos os comitês e então começa a desafiar isso.

Acredito que, se você vai ser essa única presença em todos os comitês, você tem que ter uma remuneração maior que todas as outras pessoas nele, em função do trabalho intelectual, emocional, científico e psicológico que fará diante de toda essa branquitude.

Acredita-se, de fato, que seja uma qualificação ter um trabalho, seja ele qual for. Mas se a pessoa não consegue estimular um debate sobre raça e racismo, não está qualificada para ter o emprego. Não está qualificada para liderar uma instituição de ensino superior se não consegue se engajar nessas questões com algum tipo de nuance e de complexidade. Por essa razão, cada pergunta numa entrevista deve procurar ver se essas pessoas têm essas habilidades. E como é um processo de vida, a instituição deve prover sempre uma educação contínua.

Muitas organizações param nesse ponto da inclusão, apenas acrescentando mais pessoas negras na equipe, sem que nada seja feito para abordar a consciência das pessoas brancas que ainda controlam o local. Para sermos honestos, cabe a eles decidir se irão ou não incluir pessoas negras. Se você não faz nada para abordar a consciência deles sobre a antinegritude, você está trazendo pessoas negras para um ambiente hostil. Essas são compreensões fundamentais que as pessoas deveriam ter, e eu sei que, se isso fosse fácil, já o teríamos feito; mas esses são alguns pontos de partida.

Thiago Amparo

Cida, no debate sobre essa importante questão que é a intersecção entre gênero e raça, de que modo relações de subordinação no contexto de trabalho doméstico, e em outros contextos entre mulheres brancas e negras, muitas vezes reproduzem o racismo? Você pode comentar essa questão a partir da intersecção entre gênero e raça, no contexto da branquitude? Como mulheres brancas também podem estar engajadas nessa branquitude crítica e repensarem esse pacto narcísico em uma sociedade brasileira na qual, não importa qual seja a estatística que você olhe, a mulher negra é sistematicamente discriminada em qualquer contexto, seja saúde, mercado de trabalho ou outro? Fique à vontade para comentar a fala de Robin também.

Cida Bento

Mulheres brancas provavelmente são o segmento com o qual eu tenho mais interação no meu trabalho em instituições. Elas estão em áreas de sustentabilidade e de recursos humanos, por exemplo.

Há um debate grande sobre o lugar da palavra "gênero", porque as organizações acham que a questão de gênero está superada e então podem tratar da de raça. Porém, na sociedade civil, o que melhorou foi a condição da mulher branca. Ampliou-se a presença de mulheres brancas nas instituições, mas a mulher negra não foi incluída, não foi promovida.

O que observo o tempo inteiro é que, quando uma instituição começa a ampliar a presença negra, isso se dá por meio da inclusão de homens negros, em um percentual que pode ser duas vezes maior que o de mulheres negras. Portanto, a presença de negros é ampliada para 20%, mas o número de negras é o mínimo. Elas estão sempre muito abaixo nos índices quando você compara homens e mulheres negros. Em qualquer instituição, o lugar da mulher negra é muito similar, é o segmento que mais está pressionando todas as instituições para mudar. Assim, tal como no caso Floyd, no caso das mulheres negras há um caldo tão rico e tão forte que vem delas sob as instituições, que, quando emergir, será com força em todo o campo institucional.

Thiago Amparo
Robin, você pode falar mais um pouco sobre essa questão? No seu livro, você dedica um capítulo inteiro às mulheres brancas e às lágrimas. Eu gostaria de escutar um pouco sobre isso.

Robin DiAngelo
Nos Estados Unidos, quando pressionamos para contratações com mais diversidade, as corporações contratam mais mulheres brancas do que mulheres negras. Penso que isso acontece porque essas mulheres vão servir a esses homens brancos que ainda controlam as instituições. Essas mulheres são suas esposas, filhas, irmãs, são membros da família que ainda alimentam

a fonte de recursos de volta para a comunidade branca, dominada pelos homens, em geral.

Para ser objetiva: enquanto as mulheres brancas forem aliadas consistentes na luta em prol da justiça racial, nós temos uma possibilidade de adentrar nesse âmbito, e é crucial que possamos fazê-lo. Isso diz respeito a compreender o patriarcado e o sexismo.

Infelizmente, com muita frequência, as mulheres brancas utilizam o patriarcado como uma forma de fuga: "Eu sou oprimida também"; "irmandade universal"; "nós estamos todas juntas nisso". E, obviamente, nós não estamos. Em vez de usar esse discurso como uma forma de fuga, é preciso pensar que, só porque você vivencia opressão, não significa que você não se beneficie dela sobre outras pessoas.

É preciso encarar: ser uma mulher branca em uma sociedade patriarcal é uma experiência diferente de ser uma mulher negra em uma sociedade patriarcal, porque, enquanto mulher branca, lido somente com o sexismo e misoginia. Não só não lido com o racismo, como me beneficio dele. Quando não compreendo esse elemento do racismo — talvez você possa ter me dado um feedback e eu me sinta na defensiva —, eu posso mudar os papéis em minha cabeça e imaginar que acabei de dizer algo semelhante a um homem e ele está tentando responder para mim, assim como eu estava fazendo com você.

Muitas pessoas brancas insistem que, antes de poderem debater sobre racismo, elas têm que estar em um ambiente seguro. Acho que esse comportamento é uma perversão da verdadeira violência, da direção em que essa violência é enviada. O que as pessoas brancas realmente querem é estar confortáveis nessa discussão. Obviamente, não podemos admitir isso, então alegamos que queremos nos sentir seguros. Porém, só preciso imaginar na minha cabeça que sou uma das poucas mulheres em um grupo de homens com o qual se tenta falar sobre violência sexual e misoginia. E eles dizem que não podem falar comigo sobre isso até que eu crie um ambiente seguro para eles. Fico com vontade de bater em alguém quando ouço esse argumento! Você está falando comigo sobre criar um espaço seguro para falar sobre violência sexual?

Quando troco os papéis, é isto que as pessoas brancas dizem para as pessoas negras: "Nós precisamos nos sentir seguros antes de falar disso". Portanto nós temos esse potencial, e isso é a interseccionalidade — terminologia cunhada pela estudiosa em direito e doutora Kimberlé Crenshaw. Vejo a interseccionalidade em termos de relevância. Em alguns contextos, a minha branquitude é muito proeminente, em outros, o meu gênero se sobressai. E, às vezes, é a minha classe social. Isso ocorre de forma diferente, em contextos diferentes. Não sou sempre a mesma coisa em todos os espaços, em todos os contextos. Tento prestar atenção e me perguntar: "Qual é a posição em que estou me apresentando nesse momento?"; "O que é mais predominante?"; "Como posso utilizar isso para continuar a desafiar essas desigualdades de poder?".

Falar sobre as lágrimas das mulheres brancas não leva em conta diferenças de classes, é uma generalização. Mas, de forma geral, somos condicionadas a cuidar das mulheres brancas, a vê-las como mais delicadas. Mulheres negras são mais fortes, raivosas, duronas e todos os estereótipos, enquanto as mulheres brancas são mais delicadas.

Quando uma mulher branca começa a chorar em função de desconfortos causados por questões raciais, todos se voltam para confortar essa mulher branca, que agora é a vítima, e a pessoa que causou essas lágrimas, normalmente uma pessoa negra, nesse momento, se torna a agressora. E nós podemos ver historicamente como isso tem ocorrido.

Vocês conhecem a situação com a Amy Cooper, que estava no Central Park?* Não há nada visualmente mais perfeito sobre o conceito das lágrimas de mulheres brancas. Ela estava errada e, ainda assim, Christian Cooper poderia ter morrido naquele dia. Ela as utilizou para desviar a atenção do que estava fazendo de errado e transformá-lo em um criminoso. Essas coisas acontecem o tempo todo e não há como provar o que ocorreu. A única diferença desse caso é que ele foi filmado.

Thiago Amparo
Discutimos bastante sobre pacto narcísico da branquitude, fragilidade branca e sobre como entender esses conceitos ajuda a seguir na luta antirracista, fazendo com que ela consiga alcançar novos horizontes. Eu queria dar a oportunidade para cada uma fazer as considerações finais.

Cida Bento
Gostaria de fechar com um comentário sobre mulheres brancas e negras: há uma disputa de poder, de agenda, que também é de recursos.

As mulheres, em geral, estavam lutando pela inclusão, combatendo a discriminação, só que, quando as mulheres brancas foram incluídas na sociedade, a solidariedade delas não foi como imaginávamos que seria. A solidariedade de raça sempre se sobrepôs à de gênero. Então, é muito mais fácil que haja so-

* Em 25 de maio de 2020, no mesmo dia em que George Floyd foi assassinado, Amy Cooper, uma mulher branca, andava com seu cachorro no Central Park, em Nova York, sem que ele estivesse usando coleira — o que é proibido no parque. Quando Christian Cooper, um homem negro que estava observando pássaros no parque, pediu a Amy que colocasse a coleira no cachorro, a mulher se recusou a atender o pedido e ligou para a polícia denunciando que estava sendo ameaçada por Christian, o que foi comprovado ser falso, graças à gravação feita por ele do acontecimento.

lidariedade entre o homem branco e a mulher branca que do homem branco com o homem negro. O homem branco traz a mulher branca. A solidariedade entre a mulher branca e a mulher negra não é fácil, embora esteja crescendo. Prestar um pouco mais de atenção nisso faz valer a pena os avanços que temos que ter.

Robin DiAngelo
Eu diria para os brancos brasileiros que, por favor, não descartem o que eu disse porque não sou do Brasil. A essa altura, tenho apresentado meu trabalho em várias partes do mundo e em todo lugar que vou as pessoas brancas me chamam em um canto para dizer: "O racismo é um problema norte-americano, nós não temos esse problema aqui". No caso de vocês, não digam: "Somos uma sociedade multicultural", "Você não conhece a nossa cultura", e assim por diante.

Enquanto isso, em todos esses lugares, as pessoas negras me chamam em outro canto para dizer: "Graças a Deus você está aqui, por favor, nos ajude a lidar com essas pessoas brancas"; "Todas as coisas sobre as quais você escreve, nós vivenciamos", e os resultados são os mesmos. Exatamente a mesma história. As culturas têm suas diferenças, mas, ainda assim, as dinâmicas e os resultados são os mesmos. Então, para as pessoas brancas que me leem: cabe a vocês fazerem a tradução do que se encaixa no seu contexto, mas, por favor, não descartem de imediato.

Alianças possíveis e impossíveis entre brancos e negros para equidade racial

SUELI CARNEIRO, LIA VAINER SCHUCMAN E ANA PAULA LISBOA

Em uma sociedade dividida pelo racismo estrutural, brancos e negros ocupam lugares simbólicos e materiais bastante distantes entre si. Para uma transformação efetiva no tecido social brasileiro, é preciso uma mudança estrutural nos valores culturais da sociedade, na qual o racismo e a branquitude não sejam o pilar de sua sustentação política, econômica e cultural.

Nesse sentido, as políticas públicas voltadas para a equidade racial, como as cotas, o reconhecimento da história, do espaço e da ação do movimento negro são essenciais para que os brancos consigam se deslocar da posição de norma e hegemonia cultural. No entanto, cabe perguntar: quais ações dos brancos são necessárias nesse cenário?

Em que termos seria possível uma aliança entre brancos e negros? Este texto reflete sobre as possibilidades de brancos e negros avançarem em práticas antirracistas que de fato possam transformar nossa sociedade.

Ana Paula Lisboa
É importante começar dizendo que estamos aqui muito mais para trazer esse debate para a roda, para a vida, e fazer cada

vez mais perguntas, em vez de efetivamente definir conceitos ou criar respostas cristalizadas. Estamos aqui para tirar a poeira, tirar a terra e levantar cada vez mais a questão da branquitude, do racismo e de tudo o que é importante para o Brasil.

Para mim, foi muito importante morar em Luanda, Angola. Uma das minhas maiores experiências, logo que cheguei, foi ver que as pessoas chamavam o branco de branco. No Brasil, ouvir isso, ou falar isso, era algo meio estranho. Isso me fez pensar: "Ok, branco tem raça mesmo", principalmente quando ele é minoria. Como também é minoria no Brasil, embora sejam outras construções raciais.

A partir dessa construção racial, fui percebendo que o branco angolano e o branco imigrante que vive em Angola são muito diferentes do branco brasileiro — eles também exercem muito bem a sua branquitude, mas são brancos diferentes.

Queria que vocês falassem um pouco sobre isto: Quem é o branco brasileiro? O que é esse conceito de branquitude, especialmente pensando no Brasil? Se for possível, gostaria que trouxessem os temas de forma ampla, para que comecemos a conversa e saibamos esses limites.

Sueli Carneiro

Vou dizer qual é a moldura teórica a partir da qual compreendo e tendo a explicar as relações raciais no Brasil e, no interior delas, o que seria a branquitude. Sou meio discípula de um filósofo afro-americano chamado Charles Mills, que forjou a teoria do contrato racial, que é um tronco retórico do contrato social da filosofia política. Ele diz que existe, no mundo, um contrato racial em vigor, que parte da ideia do contrato social, do contratualismo, mas que é muito diferente desse contrato social fundado em abstrações. Pelo contrário, esse contrato racial tem uma historicidade inequívoca e está assentado em vários eventos históricos desencadeados pelo colonialismo, pelo imperialismo europeu sobre a África e a Ásia. Esse é o processo histórico do qual os europeus brancos emergem como os donos do mundo, a referência de excelência humana.

Ele diz ainda que a eleição da branquitude como parâmetro da humanidade instaurada pelo processo colonial institui sub-humanidades e subcidadanias dos povos não brancos que se encontram com esse poder imperial da branquitude. O que ele diz é que esse contrato racial em vigor no mundo, embora seja não nomeado, define o status de brancos e não brancos, e que o status de não branco será definido pelo sistema de valores e de instituições criado pela branquitude para o interstício e para a legitimação de sua hegemonia.

Ele vai além ao dizer que saberes e poderes são criados com o fim de explicar a supremacia e a inferioridade de povos não brancos. Mais que tudo, ele diz que a branquitude se constitui em um sistema político não nomeado, que assegura a supremacia branca. Esse sistema opera como uma fábrica que replica dominadores e dominados, instaura a vivência da branquitude como um "clube privê" e as pessoas brancas como beneficiárias desse clube, dessa máquina de reprodução de desigualdades e de produção de privilégios. Elas são todas beneficiadas por esse sistema de privilégios, produzido pela exclusão do outro, e isso acontece a despeito de sua vontade.

Mills diz, por fim, que todas as pessoas brancas são beneficiadas desse sistema. Porém, nem todas as pessoas brancas são necessariamente signatárias desse contrato racial. Aí que reside a possibilidade de diálogo, negociação, parceria e consenso, decorrente desse reconhecimento de que nem todas as pessoas brancas são signatárias ou se sentem confortáveis dentro desse sistema injusto.

Essa teoria me parece explicar toda a hegemonia da supremacia branca, a qual se reproduz como processos de produção de privilégios e de exclusão em todo o mundo. No Brasil, não é diferente. Podemos ver esse sistema em sua plenitude quando consideramos que todas as instâncias de poder, todas as dimensões de bem-viver da sociedade, estão apropriadas pelas pessoas brancas, enquanto toda a dimensão de indignidade humana está proporcionalmente habitada por pessoas negras.

Lia Vainer Schucman
A Sueli define muito bem que a branquitude é uma posição de vantagem nas sociedades que foram estruturadas pelo racismo, as quais podem ser as colonizadas ou as dos colonizadores. É quase o mundo como um todo. Nesse sentido, a branquitude é uma posição de poder, é uma posição de privilégio, ocupada por aqueles que são considerados brancos.

O que muda no Brasil, na Europa e nos Estados Unidos? O que vai diferir o que é a branquitude em cada lugar é quem são os considerados brancos. A partir disso, eles passam a ganhar esse lugar de status, de honra, de dignidade ou, como a Sueli acabou de dizer, esse lugar de representante de humanidade, ou, ainda, como diz Frantz Fanon: "a zona de ser". Esse lugar é o da branquitude.

Dependendo da história local ou, às vezes, até da história de alguma cidade, quem é branco é diferente de um lugar para o outro. Isso tem a ver com as relações de poder locais. Por exemplo, árabes e judeus não foram considerados brancos na Europa, mas, ao chegarem no Brasil, foram. No Brasil, configura-se um racismo conjunto à ideologia do embranquecimento, na qual se é branco via fenótipo. Dessa forma, o corpo branco faz a pessoa estar dentro desse grupo, o que significa estar em um lugar de beneficiário desse sistema.

Como a Sueli mencionou, todos os brancos são beneficiários. Nem todos são signatários, mas quase todos o são em um sistema como o do Brasil, em que as pessoas não assumem que são racistas e não passam por esse processo de se assumirem racistas. Assim, elas recebem benefícios e os distribuem entre si.

A branquitude brasileira é esse recebimento, ou seja, você herda, ao nascer, o mundo. Quando nascemos, significados construídos ou a atribuição de sentidos ao que é ser branco recai sobre um corpo. As ideias de beleza, de progresso, de civilização e de inteligência recaem sobre esse corpo. Isso é o que eu herdei ao nascer no mundo racializado. Também há a distribuição disso quando eu só considero o branco bonito e coloco na minha propaganda, no marketing da minha empresa, só pessoas brancas de olhos azuis. Ou seja, eu recebi essas ideias e também as distribuo para os outros brancos. Esse é o jogo. Porque, se fosse só a herança, e as pessoas não a distribuíssem entre si, em algumas gerações isso se findava.

Sendo assim, há a herança e há a distribuição de benefícios que partem da escolha do branco pelo branco no emprego, nos lugares de poder, nas posições políticas, nas relações afetivas, na universidade.

Além disso, é preciso pensar que a própria branquitude, a ideia de raça em si, hierarquiza os próprios brancos. O que está por trás da ideia de raça? A ideia de origem. Por mais que seja o fenótipo, ele sempre representa alguma coisa. Se eu pedir para as pessoas fecharem os olhos e imaginarem um alemão, elas vão representar um fenótipo de pessoa branca com os olhos azuis, uma ideia de progresso, de cultura. Se eu falar para elas imaginarem o italiano do Sul, ele também é um branco, mas em outro imaginário, uma outra ideia de origem. Ou seja, há uma hierarquia própria da ideia de raça e de origem, que vai classificando os brancos.

No Brasil, aquele branco que não tem a ideia da origem, que muitas vezes é o branco da mistura — porque pensamos em mistura para pensar nos negros, mas também há aquele que, sendo a mistura de indígena com negro e com branco, torna-se fenotipicamente branco e que, em alguns lugares, é considerado pardo, e em outros, branco. Essa divergência acontece por causa das relações de poder. Por exemplo, na Zona Norte do Rio de Janeiro, um homem que veio da Paraíba pode ser considerado branco, pelo fenótipo e pela cor da pele. Ao chegar no Leblon, ele é considerado nordestino. A definição de quem entra e quem sai da categoria tem a ver com as histórias e os lugares de poder. Mas, ao entrar nessa categoria, no lugar onde você está, você já tem esses atributos, essas produções de sentido sobre inteligência, um lugar de poder, um lugar de vantagem. Só que isso pode mudar, dependendo do lugar em que você está. Então, para resumir, o branco brasileiro é esse branco que se beneficia, que distribui entre si e que faz uma definição do outro pelo corpo e pelo fenótipo.

Ana Paula Lisboa

Já que estamos pensando e discutindo possibilidades de alianças com esse não signatário da branquitude, por que não existe no Brasil um movimento antirracista branco, dessas pessoas não signatárias? Por que elas também não estão nesse movimento?

Faço essa pergunta porque me pareceu que, para o negro brasileiro, foi muito estranho ver as imagens das manifestações nos Estados Unidos, a partir do assassinato do George Floyd, com brancos. Era muito estranho ver brancos em uma linha de frente, em certo ponto até defendendo corpos negros. O que torna isso impossível? Existe essa possibilidade no Brasil?

Lia Vainer Schucman
Acredito que são poucos os não signatários, porque o que temos no Brasil são aqueles que se definem como não racistas. Não ser racista é fazer pouco para que se desconstrua a máquina de gerar desigualdade que está colocada no racismo estrutural. O racismo estrutural é uma máquina de gerar desigualdade, que funciona para colocar sujeitos brancos e negros em posições muito diferentes. Por isso, não ser racista não para a máquina. O brasileiro se pensa como não racista. Nós, os brasileiros brancos, estamos vinculados à ideia de democracia racial, que afirma que brancos e negros têm oportunidades iguais. Se você acredita que brancos e negros têm oportunidades iguais, e todos os lugares de poder, econômicos e políticos, são ocupados por brancos, logo, é porque eles são melhores. Essa conclusão é racista, baseada em uma ideia de superioridade branca.

Toda a explicação via democracia racial é, no fundo, uma explicação racista, e as pessoas se socializam nisso, acreditando que não são racistas. Nós, brancos que falamos que não somos signatários, em grande parte, não é porque não o somos, mas porque não nos consideramos racistas. Para poder existir um movimento de branco antirracista, é preciso considerar que os brancos são racistas e que eles estão em um lugar de privilégio, para se movimentar contra.

É muito difícil que haja esse movimento antirracista. Um movimento antirracista, de fato, de brancos, também é um lugar muito estranho, porque toda vez que o branco se unificou ou se juntou para alguma coisa foi para exercer a supremacia branca. As pessoas não sabem agir dessa forma. Como seria um movimento branco antirracista? Quando aconteceu o caso do George Floyd, nos Estados Unidos, o Silvio Almeida falou que o branco brasileiro ficou com inveja do branco estadunidense. Não é que ele estava preocupado com o racismo, ele ficou com inveja, no sentido de “o branco estadunidense é mais progressista que eu”. Não é à toa que, um mês depois, teve toda aquela onda de Black Lives Matter na internet.

Em resumo, não há um movimento antirracista de brancos porque os brancos não assumem que são racistas, não assumem que se constroem em um lugar de racismo e também não querem admitir que o lugar que nós, brancos, alcançamos na sociedade não tem a ver com mérito, mas com pertença racial.

O que nós, brancos, acreditamos? Se eu perguntar agora para meus colegas de departamento (somos 52 professores): “Por que você ocupa esse lugar?”, “Como você chegou aqui?”; a resposta certamente será: “Porque estudei muito, passei no concurso e tenho mérito”. Não ouviremos dessas pessoas: “Eu estou aqui porque eu sou branco”.

Para podermos nos movimentar minimamente, é preciso assumir que nós ocupamos esses lugares porque somos brancos. Entre assumir e se movimentar há uma distância muito grande, porque esse lugar dá muita vantagem, inclusive simbólica, que é a de legitimidade, a ideia de que “eu não preciso provar que sou legítimo para dizer algo”. Quem quer abrir mão? A pergunta é essa.

O racismo no Brasil, por ter se mascarado, não gera aquele mal-estar no brasileiro como no estadunidense, que assume, em partes, a sua supremacia branca. Dessa maneira, para se diferenciar, alguns brancos falam “eu sou antirracista” para não ser aquele branco da supremacia. Como a gente tem uma supremacia que é bem pequena e que se assume agora, isso é uma novidade. Porém, como nosso racismo se dá também na afirmação de não ser racista, até então o branco antirracista só se beneficiou sem ocupar o lugar ruim de ser considerado racista. Isso explica um pouco o porquê de não termos um movimento de brancos antirracistas, mas acredito que está na hora de termos. No sentido de que, em uma manifestação, podermos agir e dizer: estamos aqui. Vamos na frente da polícia. Nós estamos juntos.

Ana Paula Lisboa

Dona Sueli, eu queria sair um pouco da pessoa física e ir para a pessoa jurídica e para as organizações, em sua maioria com lideranças brancas. Por estar há muitos anos na luta antirracista, dialogando com instituições, como a senhora sente essa receptividade ou esse movimento do antirracismo no seu interior?

Sueli Carneiro

Tem uma novidade na sociedade brasileira, que é a existência de uma pergunta que não existia antes, que é a que este debate faz: é possível existir o antirracismo branco?

A simples necessidade de colocar perguntas já mostra que há alguma alteração nesse contexto. Há pessoas que estão se perguntando e que percebem que têm um papel a cumprir. Sempre que me perguntam o que um branco antirracista pode fazer, saindo da inércia do "não sou racista", eu sempre digo que eles têm muito serviço a fazer no Brasil.

Uma das primeiras tarefas é chamar os brancos à responsabilidade com relação ao que o racismo produz na sociedade, na medida em que o racismo é, antes de tudo, uma invenção dos brancos para legitimar invasão, domínio, escravização, extermínio, colonização, expropriação de povos, territórios e populações, em benefício de europeus e de seus descendentes, no continente europeu e nos espaços extraeuropeus, como o Brasil, por exemplo. Eu proponho uma agenda para o branco que quer ser um antirracista ativo.

Uma tarefa para educadores, historiadores e jornalistas é a desconstrução de todo esse imaginário. O antirracismo branco deve criticar e abandonar as idealizações perversas acerca das relações raciais, o triunfalismo das narrativas que escondem a violência colonial e que construíram o mundo que conhecemos.

Nesse momento da realidade brasileira, esse antirracismo tem uma tarefa muito precisa, que é combater a ascensão neofascista no Brasil, disputando corações e mentes, sobretudo das novas gerações, para valores libertários, generosos, igualitários e democráticos, especialmente entre os seus. Sempre digo que o melhor que um antirracista branco pode fazer é contribuir para que a questão racial chegue em todos que são signatários. É conversar, discutir, confrontar, problematizar os seus.

Essa questão do combate ao neofascismo, por exemplo, me parece que não é só um fenômeno circunstancial e conjuntural, ela tem amparo nas políticas de esquecimento, porque cultuamos e cultivamos essa tradição. Esquecemos que as nacionalidades priorizadas nos processos de migração que foram adotados para substituir as massas de escravizados no pós-abolição foram as dos italianos, alemães e japoneses, cujos países compuseram as potências do Eixo na Segunda Guerra Mundial; e que, muito antes da ascensão de Hitler, ideias supremacistas já prosperavam por aqui. Monteiro Lobato escreveu *O presidente negro*, uma ode ao genocídio de negros, no começo da década de 1920. As ideias de Lombroso encontraram terreno muito fértil por aqui, influenciando decisivamente a terminologia. Aquela juíza Inês Zarpelon,* que condenou o homem negro, associando o crime à sua raça, é só mais um eco do criminoso nato lombrosiano, que revela, da parte da juíza, a convicção íntima de culpa daquele homem negro, sendo a negritude dele a matéria punível que cabia a ela condenar e não necessariamente o

* Em agosto de 2020, veio a público a sentença proferida pela juíza Inês Zarpelon, da 1ª Vara Criminal de Curitiba, na qual mencionava a raça do réu, que era negro, como indício de seu pertencimento a uma organização criminosa.

crime realmente praticado. Isso explica, em grande parte, os níveis inacreditáveis de encarceramento alcançados no Brasil, sem falar no martírio incessante dos jovens negros assassinados. Portanto, os juristas antirracistas têm tarefas enormes de desconstrução desses estereótipos, dos estigmas e das práticas e teorias que os legitimam e que impõem, impedindo o exercício do direito de cidadania dos negros no Brasil.

O antirracismo branco tem que tirar da sombra um sujeito oculto que se encontra por trás de cada ato de discriminação, de cada violação de direito da população negra. Porque nós nos acostumamos a falar do racismo no Brasil de maneira em que, de um lado, aparece a vítima (o negro assassinado, o negro na indigência humana, o negro subalternizado), e, do outro, está o tal do racismo estrutural, que não se encarna em nenhum sujeito concreto, que não se encarna concretamente nas práticas sociais ou nas políticas de contratação. Ele não se materializa nos departamentos de recursos humanos das empresas, no silêncio das escolas, na omissão dos professores e de outros profissionais da educação (nos casos de discriminação da escola), no desprezo tão corrente de profissionais de saúde pela vida negra, seja no sistema de saúde público ou no privado. São práticas reprodutoras de todas as iniquidades que conhecemos. Esse sujeito oculto tem que sair da sombra, tem que ser revelado.

O antirracismo branco também tem que repor a verdade histórica sobre as relações sociais no Brasil. Milton Santos diz que as classes chamadas superiores, incluindo as classes médias, jamais quiseram ser cidadãs, e os pobres, ao contrário, jamais puderam ser cidadãos. Santos diz que as classes médias foram condicionadas a apenas querer privilégios e não direitos; e diz ainda que isso é um dado essencial no entendimento do Brasil, de como os partidos se organizam e funcionam, de como a política e a sociedade se dão.

Avançando um pouco mais, o geógrafo diz que, até boa parte da década de 1980, a classe média se expandiu e se desenvolveu sem que de fato participasse de uma competição quanto ao uso dos recursos, seja no mercado, seja no que o Estado lhe oferecia para melhoria do seu poder aquisitivo e do seu bem-estar material. Todos iam subindo juntos, embora para patamares diferentes. Ele afirma que a competição, na realidade, ficou para os pobres, cujo acesso aos bens de serviço se tornou cada vez mais difícil com o passar do tempo. Santos ilustra esse processo e diz que vale a pena lembrar as facilidades para aquisição da casa própria mediante programas governamentais com que foram privilegiadas as pessoas das classes médias, enquanto os brasileiros mais pobres — desnecessário dizer mais negros — apenas foram incompletamente atendidos.

O antirracismo branco tem uma agenda desse tipo. Por exemplo, para aqueles que se arvoram como produtos da meritocracia, que são os primeiros a questionar, a problematizar e a se dizer contrários às políticas de cotas, há um artigo muito interessante de um jornalista do Rio Grande do Sul chamado Tau Golin. Esse artigo se chama "Os cotistas desagradecidos". Nele, Tau Golin diz:

> Nos ambientes sociais, invariavelmente, escuto descendentes de imigrantes condenarem a política de cotas. São ignorantes ou hipócritas.
>
> A parte rica do Rio Grande do Sul e outras regiões do Brasil é o presente de cotistas do passado. As políticas de colonização do país foram as aplicações concretas de políticas de cotas. Aos servos, camponeses, mercenários, bandidos, ladrões, prostitutas da Europa foi acenado com a utopia cotista. Ofereceram-lhes, em primeiro lugar, um lugar para ser seu, um espaço para produzir, representado pelo lote de terra; uma colônia para que pudesse semear o seu sonho.

> E lhes alcançaram juntas de bois, arados, implementos agrícolas, sementes, e o direito de usar a natureza — a floresta, os rios e minerais — para se capitalizarem. No processo, milhares não conseguiram pagar a dívida colonial e foram anistiados. E quando ressarciram foi em condições módicas.
>
> Sendo cotistas do Brasil, puderam superar a maldição de miseráveis, pobres, servos, e de execrados socialmente [o que eram considerados na Europa]. Muitos sequer podiam montar a cavalo, hoje, seus descendentes são até patrões de Centro de Tradições Gaúchas, mas condenam as cotas, a mão, a ponte, o vento benfazejo, que mudaram a vida de suas famílias. [E tudo isso conquistado também com a invasão e o extermínio de povos, como territórios dos charruas, minuanos, kaingangs e guaranis...].*

Descrevo isso tudo para dizer que o antirracismo branco tem muito o que contribuir para o reconhecimento de que o racismo promove indevidamente, com base em argumentos falaciosos de superioridade e de inferioridade racial, a hegemonia da branquitude e seus privilégios, às custas da exclusão racial de outros; o que distorce, inclusive, a noção de meritocracia. Esses privilégios ou os privilégios assim conquistados são moral e eticamente indefensáveis. As vantagens e as desvantagens assim construídas rebaixam a humanidade de todos nós, brancos e negros, produzindo ambientes tóxicos para se viver, pois segregam brancos em ilhas de prosperidade cercadas por negros segregados em territórios desumanizados por toda parte, como assistimos na pandemia de Covid-19. Essas circunstâncias perversas exigem outro projeto de país, um projeto de nação capaz de inverter pela primeira

* Tau Golin, "Os cotistas desagradecidos", *Portal Geledés*, 7 jun. 2014. Disponível em: <www.geledes.org.br/os-cotistas-desagradecidos>. Acesso em: 23 nov. 2022.

vez a lógica instaurada, fundada na produção e na reprodução das desigualdades sociais, no desenvolvimento recessivo e na violência como forma de administração de conflitos reais ou latentes. Sobretudo, há a necessidade e a urgência de renúncia dos não signatários ao tipo de sensibilidade naturalizada ou que se encontra anestesiada perante essa realidade indigna que rebaixa todos nós.

Quando o incômodo com essas desigualdades se instala, as pessoas passam a buscar e a encontrar, na sua experiência particular ou no plano coletivo, possibilidades de agir intencionalmente contra o racismo e a reprodução das desigualdades. Há indícios animadores nesse momento, assim como recrudesce o conflito racial e a perspectiva neofascista na sociedade brasileira. Essas duas forças estão em disputa e acho que temos muito para conversar sobre elas na sequência.

Ana Paula Lisboa
Lia, eu queria trazer a esfera familiar, muitas vezes uma esfera de aliança, em que geralmente não temos muita escolha, pois família é família. Para você, que estudou e escreveu sobre relações inter-raciais, como isso se dá dentro das famílias?

Lia Vainer Schucman
Quando fui fazer a pesquisa, eu acreditava que a família era um lugar de suspensão das hierarquias raciais que estavam no mundo: eu era uma pessoa absolutamente ingênua. Tinha entrado em contato com a pesquisa da France Winddance Twine, nos Estados Unidos, que estudou famílias e o papel do branco, e que cunhou o termo — que temos usado muito no Brasil — *racial literacy*. Traduzo como "letramento racial", que diz respeito ao branco que consegue responder às hierarquias raciais na vida individual.

O que é, de fato, a branquitude no psiquismo do sujeito, além de ser a posição de vantagem? É um lugar de se apropriar desses significados compartilhados socialmente e incorporar, no processo de identificação, a ideia de supremacia branca.

Na minha pesquisa, fui encontrando dentro das famílias negociações muito tristes a partir da ideia da raça, como a história de uma mulher branca e pobre que veio do Recife trabalhar como empregada doméstica em São Paulo, na década de 1970. Ela era branca, de olhos azuis/verdes, que, pela condição de gênero e de classe, era uma pessoa excluída, porque era mãe solteira. Ela falava o seguinte: "O primeiro que aparecer, eu caso". Apareceu um homem negro, imbuído dessa ideologia de embranquecimento que atinge brancos e negros na sociedade brasileira, e assumiu essa mulher. Ela se casou com ele, mas a partir de um sentimento de superioridade. Essa relação de superioridade também esteve na forma como ela educou os filhos, e esses filhos cresceram com a ideia de que quem tinha a beleza era a mãe e com a identificação de que o sofrimento da vida deles fora herdado pelo pai, como se fosse uma doença.

Por esse exemplo, pode-se ver que as relações afetivas entre brancos e negros não impedem a hierarquia racial. É fundamental pensarmos que o racismo brasileiro é um racismo de intimidade. Os casamentos inter-raciais entre as classes mais pobres são 38% das relações hoje, um número muito alto — e fica óbvio que as classes mais altas não se misturam. A branquitude aparece como um lugar de posse. Assim como a branquitude teve posse de terras, ela é um lugar de posse simbólica. Em muitas trocas afetivas, a raça entra e se configura.

Na história dessa família do exemplo, a filha falava: "Quando eu crescer, quero ser igual à minha mãe". Mas ela estava impossibilitada de ser igual à mãe, e a mãe dizia: "Quando você crescer um pouquinho, eu aliso o seu cabelo". Essa menina foi crescendo com a ideia de que ela precisava alisar o cabelo para ficar um pouco mais bonita. Quando elas brigavam, a mãe falava: "Você é igual ao seu pai". Ou seja, a raça aparecia na relação delas o tempo todo. A negação do negro nas famílias inter-raciais vai se repetindo de diversas formas, não necessariamente tão violentas, como, por exemplo, na declaração: "Eu me casei com um negro diferente". O que é um negro diferente? Nesse caso, continuavam operando todos os estereótipos sobre o negro e, como se fosse num passe de mágica, aquele sujeito com o qual a pessoa tinha uma relação afetiva era retirado daquele grupo, o que mostra que a relação afetiva não impedia a hierarquia racial.

Mais do que amor, carinho, afeto etc., o que propiciou, dentro dessas famílias, aquilo que poderia ser entendido como aliança? Uma das últimas famílias que eu entrevistei é composta de uma mãe branca que trabalha a consciência racial com os filhos negros. Ela se casou com um homem negro da década de 1970 que, como ela, acreditava em democracia racial e se autodenominava "moreno". Os dois se casaram a partir da ideia de que a raça não era um problema. Mas depois do casamento, essa mulher começou a ser isolada pela família branca, que a impedia de ir a festas com sua própria família. Essa pessoa, que acreditava na democracia racial, começou a entender que há racismo. Radicalmente, há racismo.

Só que ela não conseguia conversar com o marido sobre isso, porque o assunto era uma ferida tão grande que ele não queria lidar com a situação, já que, ao abrir a ferida, ela também atingia a masculinidade dele. Era uma família muito tradicional, na qual o marido era o provedor. Dessa forma, o jeito encontrado pela mulher de proteger a masculinidade do marido na relação afetiva era não abordar o racismo com o homem negro da família.

Um dia, a filha voltou chorando da escola dizendo: "Sou feia, me chamaram de macaca". Essa violência brutal ainda ocorre nas escolas. Ao ouvir isso, essa mãe branca falou para a filha: "Seu nariz é lindo, sua boca é linda, seu cabelo é lindo", e foi com uma vassoura até a escola — essa história foi contada no meu livro.*

A situação se deu via afetividade? Sim, mas não é a afetividade em si que impede as desigualdades raciais. É a afetividade sem hierarquia. Na história dessa mulher, a afetividade impulsionou a hierarquia para fora. Portanto, a consciência racial não é a mera convivência entre brancos e negros, é resultado da convivência sem o lugar de superioridade hierárquica no qual a branquitude é forjada, sob esse engodo de superioridade, que, às vezes, fica muito mais forte nas relações próximas, porque serve de arma dentro das relações interpessoais.

As alianças possíveis entre as famílias são as mesmas de fora. Elas só são possíveis quando se suspende a ideia de que há uma hierarquia entre esses humanos e não são as relações afetivas que fazem isso. É outro lugar, realmente simbólico.

Ana Paula Lisboa
Você entende que a educação antirracista deve fazer parte de um currículo escolar no Brasil?

Lia Vainer Schucman
Acho que deve haver educação antirracista nas escolas, mas deve existir educação antirracista no país como um todo, assim como nas famílias. As famílias têm que ser signatárias do antirracismo que desejam ver nas escolas. Cobrar o antirracismo na escola é um movimento que tem acontecido muito atualmente, como se esses pais também não precisassem abrir mão da trabalhadora doméstica no domingo, desse lugar de conforto, em

* Lia Vainer Schucman, *Famílias inter-raciais: tensões entre cor e amor*. São Paulo: Fósforo, no prelo.

que muitas pessoas de classe mais alta dependem do trabalho doméstico de mulheres negras. Isso é algo crucial, que tem a ver com o antirracismo. Na escola, o que as pessoas têm feito é a mudança do currículo, mudando o conteúdo. Só que é a estrutura que forma o conteúdo do racista.

Para explicar como isso acontece, trago um exemplo que sempre dou: o aluno, ao chegar à escola, mesmo que lá ele aprenda a história da África e brinque com bonecas negras, se todos os professores forem brancos, ele aprenderá que o lugar do saber é branco. Se o segurança e a mulher da limpeza forem negros, ele aprenderá ainda mais: que os lugares do saber são brancos e que os lugares de subalternidades são negros. Como se isso não bastasse, na escola, a limpeza e a segurança são os lugares daquelas pessoas que não são apresentadas às crianças. Não é dito a ela: "Olha, essa pessoa é fundamental para escola, o trabalho dela é fundamental". Por isso, ao ir para uma escola, a criança aprende que há vidas e profissões que importam, e que elas são brancas. Há vidas que não importam, porque ela não é apresentada para essas pessoas. Elas não fazem parte da comunidade, inclusive a escola se dá ao luxo de terceirizá-las, de não contratá-las como todos os outros. Nesse momento, a criança aprende a ser racista. É importante pensar que uma escola antirracista, antes de mudar o conteúdo, precisa mexer em sua estrutura.

Ana Paula Lisboa
Dona Sueli, como pensar nessas alianças diante de um cenário com tantas desigualdades entre pessoas que são humanizadas e pessoas que não são; entre pessoas para quem é ensinada a cidadania e pessoas para quem não é; entre pessoas que são sujeitos e pessoas que não são? Como a gente constrói essa aliança? Quando falo "a gente", estou falando como sujeito negro também. É um primeiro passo nosso ou aguardamos?

Sueli Carneiro
É importante falar sobre como estamos atuando na mediação das relações brancas. Eu gosto de separar duas situações: uma coisa é a situação do racismo no Brasil, as relações raciais, a supremacia, a hegemonia; outra coisa são os processos políticos que podem ser construídos no sentido da mudança. Isso depende de organização política, de negociação política e de um conjunto de fatores. Eu pertenço a uma organização de mulheres negras que faz parte de um campo político da sociedade civil que luta pela defesa e pela expansão dos direitos de cidadania da população negra. É um campo político que se instituiu desde as lutas de redemocratização do Brasil. Estávamos todas lá no processo constituinte, na feitura da Constituição Cidadã de 1988. Todas temos estado em um conjunto de iniciativas. É um campo político que se pretende progressista, que tem enfrentado em seu interior racismo, sexismo e LGBTfobia endógenos, e que tem também alcançado momentos de consenso, de aliança e de parceria, sobretudo quando conquistas arduamente alcançadas por mulheres e por negros estão sob ameaça, como tem ocorrido em anos recentes no Brasil.

Eu falo sempre desse lugar. Não é um lugar de massa, é um lugar de expressão e de luta por cidadania, e que concentra uma parcela da sociedade brasileira, de negros e de brancos que estão disputando um projeto de país. Nesse contexto, é fundamental perceber que as hierarquias que a branquitude produziu não serão facilmente desalojadas. Essas hierarquias de poder da branquitude estão aí e operam, na maioria das vezes, em todas as lutas progressistas. Elas funcionam sempre no sentido de preservação de privilégios e de exclusões. Porém, apesar de não ser possível distribuir essas hierarquias, elas podem intencionalmente ser utilizadas no sentido da promoção da igualdade e da equidade racial.

Eu dialogo com aqueles setores que se dizem não signatários, em uma atitude de confiança. Do que estou falando concretamente, em termos de ação antirracista que possa vir de brancos? Eu vou apresentar para vocês uma coisa que talvez vocês já conheçam. Vou me servir das palavras do jurista Fábio Konder Comparato, que, com rara coragem e dignidade, disse em uma entrevista o seguinte:

> Eu sou descendente do maior proprietário de escravizados do Império brasileiro, o conde Joaquim José de Sousa Breves. Tive que entender, e só entendi isso muito tarde, que esta realidade, ou seja, a culpa por isso, se transmite aos descendentes, não é propriamente uma culpa penal, mas é uma herança de um débito social. É um débito social porque, se eu sou o que sou hoje é pelo fato de eu ter herdado várias coisas, a capacidade de me educar, o fato de ter tido determinados tipos de formação e isto só foi conseguido porque durante séculos os negros sustentaram a nossa economia. [...] todos nós, das ditas classes dominantes, somos o que somos devido a sangue, suor e lágrimas de todos os africanos e afrodescendentes escravizados no Brasil.*

Com relação à adoção de ações afirmativas para inclusão dos negros nas universidades, Fábio Konder Comparato lembra os pesos e as medidas diferentes que regem as posições sobre o tema. Ele diz:

> A política de cotas [...] é uma política tímida, com 120 anos de atraso. A própria Constituição determina que haja no mercado

* Fábio Konder Comparato, "Entrevista", *Portal Geledés*, 10 out. 2009. Disponível em: <www.geledes.org.br/entrevista-com-fabio-konder-comparato>. Acesso em: 25 nov. 2022.

de trabalho a proteção da mulher com incentivos específicos, é exatamente a política de cotas, mas ninguém diz que esse inciso é uma medida discriminatória. Mas tudo o que se propõe em defesa do negro é considerado discriminatório ou racista.*

Em total coerência com esse posicionamento, na audiência pública convocada pelo ministro Ricardo Lewandowski, do Supremo Tribunal Federal, em 2010, para julgar a constitucionalidade das cotas,** Fábio Konder Comparato se apresentou em defesa das ações afirmativas ao representar a organização Educafro.***

Pego outro exemplo, de Oscar Vilhena, que avança na reflexão sobre os desafios que nos impõe a atual conjuntura, em que o ódio racial passa a se manifestar cada vez mais. Diz Vilhena:

> Neste momento, não basta ser contrário ao racismo. É preciso fazer mais. É imperativo colocar o enfrentamento do racismo no centro da vida política brasileira; defender e fortalecer políticas afirmativas; alterar práticas corporativas; reformar as agências de aplicação da lei e reprimir juridicamente condutas discriminatórias e racistas que permeiam as nossas relações cotidianas.
>
> Sem enfrentar o racismo, jamais superaremos a desigualdade econômica, a marginalização social, a opressão e a violência. Sem derrotar o racismo, jamais nos humanizaremos como nação.

* Id. Ibid.

** Entre os dias 3 e 5 de março de 2010, o Supremo Tribunal Federal realizou uma audiência pública com a participação de associações, movimentos sociais e diversos representantes da educação universitária para discutir a constitucionalidade da política de cotas nas universidades públicas.

*** A Educafro é uma instituição que atua na inclusão de negros nas universidades públicas ou nas universidades particulares, nestas por meio do acesso a bolsas de estudos.

> O protagonismo do movimento negro não exime brancos antirracistas da responsabilidade de participar dessa luta.*

Eu insisto que é onde o branco melhor pode fazê-lo. Também Oscar Vilhena esteve presente nessa mesma audiência convocada por Lewandowski, fazendo uma defesa magistral da política de cotas, assim como lá estava a organização Ação Educativa,** uma organização de maioria branca, representada por Denise Carreira, que se posicionou como defensora de direitos humanos antirracistas em defesa de cotas raciais. Enquanto a disparidade de poder for tão abismal entre brancos e negros, o antirracismo branco terá que disponibilizar seus privilégios para as lutas estratégicas pela cidadania negra.

Estão em curso, neste momento, algumas ações que expressam certa reserva moral da sociedade brasileira com relação a ações, cada qual a partir do seu lugar social, para o combate ao racismo e às desigualdades. São iniciativas empresariais, como as que têm sido objeto de debate público recente, iniciativas inéditas da filantropia nacional de apoio à causa antirracista, que seriam impensáveis há vinte anos, e das quais o próprio Ibirapitanga é um exemplo. São iniciativas educacionais de escolas segregadas racialmente, para fins das elites, que começam a emergir.

Recentemente, eu soube de um importante advogado brasileiro movido pela convicção de não querer que suas filhas cresçam em um país com esse grau de desigualdade racial e, ao mesmo tempo, querer que elas possam ter a melhor educação

* Oscar Vilhena Vieira, "Perverso pacto racial", *Folha de S.Paulo*, 14 ago. 2020. Disponível em: <www1.folha.uol.com.br/colunas/oscarvilhenavieira/2020/08/perverso-pacto-racial.shtml>. Acesso em: 25 nov. 2022.

** Ação Educativa é uma associação civil que, por meio da perspectiva dos direitos humanos, é atuante nas áreas da educação, da cultura e da juventude.

possível. Ele buscou resolver essa equação e começou a ser um elemento ativo no processo de mudança da escola. Ao lado desse tipo de iniciativa, tem o diretor de um dos colégios mais caros de São Paulo dizendo que os negros rebaixaram as universidades públicas. Nas iniciativas empresariais, nós temos a sócia de uma start-up da área financeira, o Nubank, dizendo que não pode abaixar o sarrafo enfiando negros dentro do banco, porque vai baixar o nível de exigência do branco.*

Nós estamos em um contexto de disputa entre essas duas perspectivas. Nós temos uma realidade que nos desafia violentamente, que é o fato de vivermos em um país de hegemonia branca e maioria negra, e não temos como nos livrarmos uns dos outros. Apesar do massacre permanente que negros sofrem na sociedade brasileira, nós ainda estamos aqui, em luta. Por mais que os brancos possam, eles também não têm como se livrar de nós. Então, temos que exercitar o diálogo. Temos que encontrar formas de constituir possibilidades reais de escuta.

Temos que construir espaços de reconhecimento e respeito mútuo. Temos o desafio de sermos partícipes na construção de outro tipo de sociedade, porque esse país não tem como funcionar com essas condições, não há futuro para esse país se não formos capazes de equacionar essa realidade.

Portanto, estamos desafiados a dialogar, a negociar, a nos enfrentar, sem nenhuma ilusão de que será fácil, agradável. Seguramente, sempre seremos desafiados: os brancos, a terem que reconhecer o seu racismo, e nós, os negros, com todas as dificuldades que a subalternização produziu nas nossas vidas e nas nossas possibilidades. Não tem jeito, só nos resta buscar agir em consenso na construção de outro país.

* Ver notas do texto "O branco na luta antirracista: limites e possibilidades", p. 16.

Ana Paula Lisboa

Brinco sempre com meus amigos negros, quando eles estão com a autoestima baixa, dizendo: "Gente, não era nem para estarmos aqui. Já que estamos aqui, estamos aqui mesmo e vamos ficar. Vamos embora".

Eu queria fazer uma pergunta para a Lia, que também tem a ver com o seu estudo: a discussão sobre o pardo dificulta o debate sobre o antirracismo?

Lia Vainer Schucman

O pardo brasileiro tem indicadores sociais de desigualdade similares aos dos considerados negros. Por quê? Porque os pardos são herdeiros do mesmo sistema que explorou a população negra. Então, não faz sentido retirarmos o pardo do conjunto da população negra. A discussão do pardo existe porque muitas pessoas não são colocadas dentro da categoria preto* e não se identificariam dessa forma, exatamente porque nossa sociedade é marcada pela ideologia de embranquecimento. O IBGE segue essa lógica de categorias a partir dessa realidade.

O que é o pardo brasileiro? O que é a mestiçagem brasileira? Não é a mestiçagem real que existe no mundo todo, já que as pessoas, geneticamente, são mestiças. Nós temos um pardo que é um fenótipo racializado. O pardo não é necessariamente o resultado de famílias multirraciais, porque muitas delas resultam em um fenótipo que, no Brasil, é considerado branco. O pardo pode ter um pai negro e uma mãe branca e nascer branco. Então, ninguém fica chamando ele de pardo. Ninguém fala: "Olha lá, o pardo na rua" ou "Olha o mestiço".

O pardo é alguém que tem fenótipo negro porque, senão, a pessoa, na ideologia do embranquecimento da nossa sociedade, vira

* Ver definição na p. 21.

branco. Portanto, o pardo é o negro, e só é pardo quem é visto socialmente como negro. Ele sofre a discriminação e a herança da desigualdade por ter vindo de famílias que foram escravizadas.

O debate sobre o pardo, nesse sentido de ficar separando, ou relacionado ao colorismo — que discute aquilo que é mais claro ou mais escuro — atrapalha o antirracismo. Não sou eu a pessoa a dizer isso. O movimento negro já fez uma opção nas décadas de 1970-1980 quando disse: "essa categoria 'pretos e pardos' é 'negro', e é com ela que nós estamos lutando". Se você retirar a categoria "parda" daquilo que é chamado "negro", o negro também desaparece como 54% da população. Ele vira 12%, 13%. Não faz o menor sentido ainda existir essa pergunta para a categoria "negra". A categoria "negra" só existe porque há pardos e pretos, e é assim definida pelo movimento negro.

Em respeito a essa definição, que não foi à toa, foi uma articulação política muito boa para conseguir direitos, acho que tem uma outra questão, que é a da identificação psicológica, que talvez seja a pergunta que existe no meu livro: "Como essa pessoa se define, como pertencente à negritude ou não?". Mas mesmo essas pessoas só são classificadas como pardas exatamente porque elas estão na categoria negra. É importante pensarmos que a formulação de todas as classificações raciais é uma invenção. Não é que o pardo, na verdade, fica sem uma categoria porque ele não é nada. Se tudo é uma invenção, o movimento negro fala "os pardos são negros". Só existe ficção racial e a ficção se torna realidade. Todas as identidades raciais são ficções.

Eu tenho alunos da Bahia que falam que em Florianópolis as pessoas que se autodeclaram negras são, na verdade, brancas. Mas em Florianópolis ela é negra. Nós estamos no Sul do Brasil. Não é que há uma realidade, uma verdade da raça, e que essa verdade da raça está na Bahia e que há uma mentira da raça em Florianópolis. Todas são ficções, independentemente do lugar.

Em Florianópolis, essa pessoa é negra, é tratada como negra, é xingada como negra. Na Bahia, ela vira branca, porque lá os pertencimentos raciais são percebidos de outra maneira. Mas como são todas ficções, a Bahia não é mais verdadeira, os Estados Unidos não são os mais verdadeiros. Quando falamos "Aqui o branco nem é branco", o que queremos dizer? Que há um branco verdadeiro? Que o branco dos Estados Unidos é verdadeiro? Lá também é invenção, tudo é invenção.

A raça é uma invenção, é uma ficção advinda das relações de poder. A raça é filha do racismo, ela não é mãe do racismo. Às vezes, as pessoas dizem assim: "Nós precisamos acabar com a categoria raça para acabar com o racismo". Não faz o menor sentido. Nós precisamos acabar com o racismo para acabar com a categoria raça.

Concluindo, uma coisa que eu não mencionei sobre a branquitude: só existe a categoria branco porque há racismo. Ela não faz o menor sentido. Ela não é uma categoria identitária, cultural. Por exemplo, o que eu, Lia, como descendente de judeus que passaram pela guerra, foram assassinados, tenho do ponto de vista da identidade, da cultura, de parecido com descendentes de portugueses escravocratas no Brasil? Que história nós compartilhamos? O que temos de parecido culturalmente? Nós não temos nada, a não ser o privilégio advindo do racismo, tanto eu como eles.

Com o fim do racismo, a categoria branco morre e passa a ser descendente de judeu, descendente de português, outras formulações. Essa é uma formulação completamente fictícia, que só se baseia nas relações de poder. É o fim do racismo que acaba com a raça e não o fim da raça que acaba com o racismo.

Ana Paula Lisboa
Esse debate está só no início: é uma discussão para a mesa de jantar, para a televisão, para a academia, para a academia de

ginástica — você está lá correndo na esteira e discutindo antirracismo. Enfim, queria pedir à dona Sueli para começar e fazer suas considerações finais, e depois, Lia.

Sueli Carneiro
Eu dizia anos atrás que a psicologia nos devia muito porque era um campo que tinha aportado muito pouco à nossa experiência e que tinha uma contribuição extraordinária para trazer para o debate, e a Lia é uma das pessoas que cobrem essa lacuna com muito brilhantismo.

Tenho convicção de que o país que foi capaz de construir a mais bela fábula de relações raciais que se conhece no mundo, que é o mito da democracia racial, talvez seja capaz de torná-la potencialidade, pois os mitos guardam possibilidades que estão presentes no real. São potencialidades que essa sociedade também tem e o antirracismo tem que focar nas possibilidades de informar a construção da verdadeira democracia (igualdade) racial. Esse é o esforço que estamos convocados a realizar, negros e brancos, em benefício da humanização de todos nessa sociedade.

Lia Vainer Schucman
Sempre me perguntam: "O que posso fazer na prática?", "O que é a luta antirracista?", "Dá para fazer algo com o racismo estrutural, eu que sou tão pequeno?".

A psicologia social, campo do qual faço parte, é voltada exatamente a entender quem é o sujeito na estrutura. Farei uma divisão didática e rápida para pensar que a estrutura produz os sujeitos, produz subjetividade, mas esses sujeitos fazem parte das instituições. Todos os sujeitos fazem parte de instituições (família, escola, empresa); e as instituições fazem a estrutura. Então, há o que o sujeito individual possa fazer diante da estrutura.

Há muito o que fazer. Há um manual? Não, não há, porque cada um tem o que fazer do lugar onde ocupa. Uma mãe, dona de casa, pode escolher que os desenhos que os filhos assistem não sejam só desenhos de mulheres brancas, loiras, dos olhos azuis, que vão criar um ideal de beleza branco, porque as pessoas aprendem a ser brancas. Todos os dias elas aprendem a ser brancas. Por exemplo, a minha geração aprendeu a ser branca vendo a Xuxa. O que é a Xuxa? É 2% do fenótipo brasileiro, em um lugar de super-representação de beleza.

Tem alguém em uma instituição de comunicação que coloca essa mulher nesse lugar. Então, tem alguém que faz essa escolha, que distribui esse benefício. Todas as pessoas estão em uma instituição. Desde a dona de casa que pode escolher o desenho que o filho vê até a mãe que pode pensar quem se ocupa da limpeza da casa, como é esse trabalho, de que forma fazer esse trabalho, passando pelo RH de uma empresa.

Eu sou uma educadora. O que uma educadora pode fazer? Pode colocar isso como pauta, pode exigir cotas no lugar onde ela está. São os sujeitos que fazem as instituições e são as instituições que fazem a estrutura. Cada um de nós tem uma tarefa na luta antirracista. Disso, ampliamos para o fato de que não dá para estar na luta antirracista e apoiar políticas superneoliberais, que vão aprovar que o saneamento básico seja privatizado, por exemplo. Quem é que vai ficar pagando, sem a água? Nós temos que pensar que as políticas apoiadas por nós também estão cercadas de antirracismo. Apoiar a menoridade penal e ser antirracista também não faz o menor sentido. Quem é o menino que vai ser preso? Não é nem menino, porque o menino é sempre o branco. O menino negro é sempre o moleque, aquele que perde a inocência, aquele que já pode ser preso. Existem várias outras políticas que não podemos apoiar ao sermos antirracistas. Escolher em quem votamos também é uma forma de ser antirracista.

Convido a todos a serem antirracistas em todas as posições em que ocupam e é esse o lugar do branco antirracista dentro das instituições brancas.

Ana Paula Lisboa
É muito trabalho, e que bom que o trabalho não é só dos pretos. Quanto mais gente trabalhando, mais rápido conseguimos colocar em prática ou realizar essa fábula do mito da igualdade racial no Brasil.

O protagonismo negro no desvelar da branquitude

DEIVISON FAUSTINO, LOURENÇO CARDOSO E LUCIANA BRITO

O olhar crítico sobre a branquitude tem seu nascimento a partir do trabalho de autores negros em diferentes épocas. Referências como W.E.B. Du Bois, Frantz Fanon, Steve Biko e, no Brasil, as contribuições de autores como Guerreiro Ramos foram fundamentais para desvelar e denunciar os diferentes aspectos dos benefícios que os sujeitos recebem ao serem incluídos dentro da categoria "branco". Nesse sentido, cabe perguntar: o que é desvelado quando o olhar do negro recai sobre o branco? Com que olhos os negros tornam visível aquilo que para os brancos é invisível, ou seja, sua raça? Esta conversa abordou o protagonismo do negro para a compreensão da branquitude.

Luciana Brito

Como vocês sabem, sou historiadora e, hoje de manhã, eu dava aula remota em uma das disciplinas da Universidade Federal do Recôncavo da Bahia (UFRB). Falávamos sobre racismo científico. No século 19, falar sobre o que é ser negro nunca dizendo o que é ser branco era um privilégio da branquitude científica e dos viajantes. Eram esses cientistas brancos que definiam o que era ser negro e, a partir do seu oposto, o que era também ser branco — e nisso eles justificavam a escravidão e o imperialismo no continente africano. Mas nós estamos tratando aqui de um outro olhar, de uma outra perspectiva, que são as novidades — chamadas assim se levarmos em conta mais de um século de ciência racialista definindo o que era ser negro. Minha pergunta mais geral para vocês dois é: quais os significados de falar de branquitude a partir do olhar negro, a partir da intelectualidade negra?

Muito antes de pensarmos a respeito da branquitude — falando da intelectualidade negra e do meu olhar de historiadora, forçando um diálogo entre as nossas áreas de atuação —, eu me lembro das narrativas de escravos (*slave narratives*)* que existem nos Estados Unidos. Essas pessoas, depois da abolição, fizeram um esforço de definir — não na condição de intelectuais, mas como pessoas que conviveram nas plantations e em casas-grandes com brancos — o que era ser branco. A partir disso, a grande novidade do final do século 19, com Du Bois, e do século 20 para cá é: o que acontece no desvelar da branquitude quando quem faz essa análise são intelectuais negros e negras?

Deivison Faustino

Responderei a essa pergunta tomando como base o pensamento do Frantz Fanon, que é um autor que eu venho estudando. O Lourenço Cardoso chama a atenção, nos seus trabalhos, para a importância do trabalho de Fanon, Du Bois, Steve Biko, Guerreiro Ramos e de tantos outros intelectuais contemporâneos,

* *Slave narratives* são relatos autobiográficos de pessoas negras que foram escravizadas tanto na Inglaterra quanto nos países que foram colônias britânicas, como os Estados Unidos. São exemplos desse gênero literário os livros *A jornada de um escravo fugitivo* (Wish, 2020), a autobiografia escrita pelo ex-escravizado e líder abolicionista Frederick Douglass, e *Incidentes na vida de uma menina escrava* (São Paulo: Todavia, 2019), relato autobiográfico feito por Harriet Ann Jacobs.

como Cida Bento e Lia Vainer Schucman, para pensar o tema da branquitude. Fanon foi um autor que trouxe questões muito originais e instigantes para a reflexão desse tema, e é a partir dele que eu queria colocar algumas provocações.

O primeiro ponto para pensarmos a branquitude a partir da negritude ou a branquitude, pelo menos, aos olhos do Frantz Fanon, é que, antes de mais nada, é necessário considerar que a branquitude é filha legítima do colonialismo. Fanon diz que o branco cria o negro, mas o faz como se ele fosse um filho bastardo das próprias relações sociais modernas, do próprio ideal de sujeito que emerge da sociedade moderna. Com isso, o negro também é filho do colonialismo, mas um filho bastardo. Se o negro é um filho bastardo, a branquitude é uma filha legítima, porque há uma dimensão relacional nesse processo de estranhamento e de reificação. Ao mesmo tempo que é um processo relacional, há uma relação não simétrica entre ambos, porque, se é verdade que o branco cria o negro, ao criar o negro, o branco também cria a si próprio. Esse é um ponto importante se pensarmos a relevância do tal do Novo Mundo na constituição, inclusive, do que conhecemos como Europa, do que conhecemos como Ocidente. Há uma construção histórica a partir da negação de tudo que era outro e de tudo que era diferente.

Há uma dimensão relacional que faz com que a própria análise sobre a negritude exija também uma sobre o que é a branquitude. Não se trata de uma relação simétrica, porque nesse contexto colonial só um dos lados é visto como sujeito. Ou seja, não é uma relação entre sujeitos, mas uma relação entre sujeito e objeto, na qual o negro só aparece como objeto e o branco só como sujeito. O próprio processo que cria o negro e, por consequência, cria o branco, cria o negro a partir de sua objetificação, de uma desumanização do negro. O signo negro é criado ao mesmo tempo que o negro deixa de ser visto como ser humano, como parte da humanidade e como parte daquilo que os europeus estavam identificando em si no processo de desenvolvimento da sociedade moderna.

Se formos pensar, os séculos 15, 16 e 17 são períodos importantes na Europa, em que os principais teóricos europeus, tanto no Renascimento quanto no Iluminismo, estão se percebendo como sujeitos da história, como sujeitos da razão. Existe uma castração na própria ideia de sujeito, porque ele é reduzido à sua dimensão racional. Essa constituição de sujeito que emerge desse contexto, no entanto, é profundamente racializada. No mesmo momento em que os europeus se percebem como sujeitos, eles invadem outros povos e outros territórios. Se quisermos usar uma metáfora: no momento em que o europeu se percebe, ele deixa de acreditar que a história é feita por Deus ou pela natureza e passa a se perceber ele próprio como um deus, e é nesse mesmo momento em que ele está matando, roubando e destruindo fora da Europa, inclusive para poder se constituir e se afirmar como sujeito. Isso tem consequências, porque nesse processo de descoberta de si como sujeito, o europeu se depara com o outro que aparece a partir da colonização e da escravidão, esse outro que não poderia jamais ser visto como sujeito.

Nós temos, por exemplo, um caso bastante famoso, que é o de John Locke — um dos teóricos liberais da democracia. Ele vai nos dizer que o que nos caracteriza como seres humanos é a liberdade. Entretanto, John Locke era um dos principais acionistas de uma empresa holandesa de escravizados, a Royal African Company. Portanto, se a principal riqueza de John Locke era o escravizado, e se o escravizado para ele era um meio de produção, das duas, uma: ou ele teria que repensar sua teoria que parte do pressuposto de que a liberdade é algo essencial ao ser humano, ou ele teria que repensar o seu ganha-pão e as formas econômicas sob as quais o próprio liberalismo se estruturou. Por isso, a grande saída europeia foi criar uma cisão na ideia de humanidade, deixando de ver os não europeus como humanos. Esse é um ponto importante para se pensar, e que Fanon nos coloca como provocação: não há negritude sem branquitude, mas a branquitude aparece nesse esquema como única expressão de humanidade, e isso tem impactos subjetivos.

Muito se diz a respeito do fato de que o negro teria complexo de inferioridade. Se isso fosse verdade, nós também teríamos que dizer que o branco, por sua vez, tem complexo de superioridade, porque, se estamos falando de uma dimensão relacional, falamos de uma sociedade estruturada a partir do capitalismo e da mundialização do capital, a partir de contextos em que o branco aparece como expressão de bom, belo e verdadeiro. Trata-se de uma sociedade em que o branco, o europeu e o Ocidente são apresentados o tempo inteiro como expressões universais de humanidade, em um processo que estrutura relações de poder materiais e simbólicas, também sendo estruturado por elas. Pensar a branquitude não é só pensá-la como o outro da negritude. Pelo contrário, Fanon diz que é o branco que cria o negro, mas é o negro que cria a negritude. Ao ser criada, a negritude abala, coloca desafios políticos para os processos de hierarquia e de privilégios que sustentam a branquitude. Estamos falando de coisas relacionais, até antagônicas, contraditórias de certa forma, mas que marcam a construção da sociedade como um todo não só para negros, mas também para brancos. As relações raciais também afetam os brancos, embora a partir de um outro lugar, pelo menos para Frantz Fanon.

Lourenço Cardoso

O que é o branco, a branquitude estudada pelo negro? Primeiramente, é um olhar de fora do grupo, é o negro que olha o branco, olha o outro, que é o branco. O branco estudado pelo branco é um olhar de dentro, é o branco olhando para si. O que é o negro estudando o próprio negro? É um olhar de dentro. O negro estudando para si. O que é o trabalho acadêmico? O trabalho acadêmico é um trabalho de crítica. O que é um pesquisador negro ou uma pesquisadora negra estudando branquitude? É o negro e a negra criticando o branco, criticando a branquitude e a identidade branca. O que é o pesquisador branco ou a pesquisadora branca estudando a branquitude? É o pesquisador e a pesquisadora fazendo uma autocrítica — assim como os trabalhos sobre o negro, sobre a negritude, feitos pelos negros, também são uma autocrítica.

Eu tenho estudado a branquitude e, na minha perspectiva de pesquisador negro, eu também realizo uma autocrítica sempre, porque a produção científica é social. Eu também realizo uma crítica minha, eu, pesquisador negro estudando a branquitude, implicado nesse processo. Ao estudar a branquitude, e isso eu só percebi depois, no decorrer dos anos, eu me tornei mais profundo na compreensão sobre o que é ser negro e o que é a negritude. Quando comecei a estudar a branquitude, não sabia disso. Ou seja, o negro que estuda a branquitude, pela minha experiência, faz com que ele tenha até mais aprofundamento sobre a negritude. Isso aconteceu com a minha experiência, não sei se serve para outros. É uma autorreflexão em uma socioanálise.

E como a branquitude tem se colocado na história do tempo instante, principalmente pelas redes sociais? Tem se colocado como uma palavra que tensiona um conceito anterior, o conceito de branco, que é anterior ao conceito de branquitude. Na medida em que tensiona, ela nos leva a pensar o que é ser branco — que é o que o Deivison colocou, bebendo em Frantz Fanon e em alguns outros. Fiquemos no século 16. O branco é uma construção de si na medida em que constrói o outro. Repetindo o que o Deivison disse: o branco é uma identidade de contraste: “Eu me faço na medida que te faço". Na cultura ocidental, possui uma hierarquia. "Eu me faço superior na medida em que te faço inferior". "Eu sou branco superior na medida em que você é inferior. Sem você existindo enquanto inferior, eu não existo enquanto superior." Essa lógica ocidental serve para homem e mulher, para Ocidente e Oriente, para heterossexual e homossexual. É a mesma lógica de contraste que possui uma hierarquia.

No século 16, a questão da estética se configura assim: eu sou branco, sou bonito. Você é negro, é feio. Não existe beleza negra. Não existe negro bonito. O negro bonito não é um conceito do século 16, é produto da modernidade. Naquele momento, o bonito e o belo são somente brancos. E, no caso, é um homem branco. A mulher branca está fora ou está em uma hierarquia inferior. O homem negro bonito, a mulher negra bonita são produtos da modernidade, é uma luta da modernidade. E como estamos agora? Estamos com a hierarquia: beleza negra. O que é beleza negra? É uma beleza não branca, é uma beleza inferior na hierarquia. O homem negro e a mulher negra são bonitos, mas a sociedade mantém esse racialismo racista e a hierarquia.

Vamos para outro ponto, sobre a inteligência. Por mais que existam discursos falsos dizendo que o negro não é inteligente, isso nunca foi sustentável. Então, afirmaram que o negro e a negra eram menos inteligentes, isso no século 16. Era essa a construção.

A branquitude é uma palavra que tem sido usada até para pensarmos o que é a ideia de branco, uma concepção colonial do que é ser branco. Já o conceito de negritude é uma reinvenção do negro sobre a ideia de negro, de negro na diáspora. Talvez Aimé Césaire tenha cunhado essa palavra "negritude" e, ao colá-la com a palavra "negro", é possível positivá-la, reinventá-la, e nisso o negro pode se livrar — dialogando com o Deivison e com o Frantz Fanon — do complexo de inferioridade. Para o negro, livrar-se do complexo de inferioridade é se livrar de sua insanidade, daquilo que o torna desumano. Agora, utilizando Frantz Fanon, a questão é o branco se livrar desse complexo de superioridade.

Os negros, os povos originais sempre observaram o branco de fora da academia. Eles entram na academia, nos anos 1980, 1990 e 2000, cada vez mais. Em comparação aos brancos, somos poucos. Em comparação aos negros, nos anos 1990 somos mais que nos anos 1980, nos anos 2000 somos mais do que nos anos 1990. O negro entra na academia e, em um primeiro momento, o negro estuda a si mesmo, e, depois, passa a estudar aquele que sempre o considerou o objeto tradicional científico. O marco disso é o Guerreiro Ramos. Outra pessoa que também é um marco para a difusão desses estudos é Maria Aparecida da Silva Bento. A primeira tese de doutorado sobre branquitude é dela, em 2002.* Guerreiro Ramos e Maria Aparecida da Silva Bento não representam atitudes individuais, e sim atuação do movimento negro em tempos diferentes. Guerreiro Ramos representa a atuação do movimento negro próximo ao Teatro Experimental do Negro, dos anos 1950. Maria Aparecida da Silva Bento é o movimento negro dos anos 1990, quando ele estava muito forte com a questão das ONGs, e o movimento negro da história do tempo presente.

Luciana Brito

Deivison, aproveito que estou diante de um especialista em Frantz Fanon para compartilhar as minhas inquietações sobre o livro *Pele negra, máscaras brancas*. Costumo dizer que, ensi-

* Maria Aparecida da Silva Bento, *Pactos narcísicos no racismo: branquitude e poder nas organizações empresariais e no poder público*. Tese (doutorado). São Paulo: Instituto de Psicologia da Universidade de São Paulo, 2002.

nando em uma universidade em que a maioria dos estudantes são negros e negras — pelo menos no meu campus de humanidades —, deveríamos ler Fanon do primeiro semestre ao último. Estou falando dos estudantes negros, sobretudo esses estudantes que se deparam com uma docente e um docente negro pela primeira vez.

Em diversos momentos do livro, o tradutor coloca notas de rodapé: "Olha, esse contexto que ele está falando da Martinica é muito específico", "Olha, esse contexto que ele está falando aqui do encontro de negros caribenhos com os franceses brancos é muito específico, não se aplica ao contexto brasileiro, e, talvez, fique confuso para o leitor". E eu digo: eu não acho que é tão específico e tão distante da nossa realidade.

Fanon narra um episódio — para falar da construção do outro, quando o branco está construindo o negro — de um encontro de um francês com uma pessoa negra de outra origem, não sei se africana. Nesse momento, o francês passa a falar seu idioma de forma caricata para que esse interlocutor negro o compreenda. Isso me lembrou o episódio de algumas semanas atrás de um médico que, dando aula no curso de medicina, colocou uma máscara negra e instruiu seus estudantes, dizendo: "Olha, você vai falar com o seu paciente pobre assim". E aí, ele colocou a máscara negra e começou a falar um português bem rudimentar, para que esse suposto paciente negro compreenda o médico.*

Diante disso, eu fico pensando: quais os aspectos similares ou idênticos do projeto colonial nas Américas, na Europa, nas colônias e no continente africano? Qual a relação entre bran-

* O episódio ocorreu em outubro de 2020, em uma das mais importantes faculdades de medicina de São Paulo. Disponível em: <g1.globo.com/sp/sao-paulo/noticia/2020/10/08/professor-de-medicina-da-santa-casa-de-sp-usa-blackface-para-mostrar-como-conversar-com-pacientes-pobres-dizem-alunos.ghtml>. Acesso em: 28 nov. 2022.

quitude e pensamento colonial? Se há essa relação, adequando-se às especificidades de cada local, como é possível ter um modelo que vá se adequando a determinadas conjunturas?

Deivison Faustino
O estudo de qualquer fenômeno social, e o racismo está incluído nesse bojo, oferece elementos mais gerais que permitem pensar a sociedade como um todo, mas esses traços mais gerais não eliminam a tarefa de observarmos cada fenômeno em suas formas concretas e particulares. Há questões que são comuns ao racismo como um todo, mas precisamos sempre pensar como o racismo aparece em cada contexto. Ainda assim, a maioria das reflexões pensadas por Fanon, que está no contexto francês, por Angela Davis, que está no contexto anglófono, ou por Homi Bhabha ou por Lélia Gonzalez, apresentam elementos mais gerais, que transcendem o seu contexto e nos auxiliam a entender as múltiplas formas de existência do racismo como um todo. A relação entre singularidade, particularidade e universalidade é dialética e não antinômica. No entanto, a branquitude brasileira sempre embaralhou essas instâncias, tomando o racismo estadunidense como uma suposta régua universal que permitiria afirmar que o Brasil é menos racista quando, na verdade, expressa formas particulares de segregação, violência e genocídio.

Frantz Fanon estava muito preocupado com essa dialética e é nesse contexto que ele pensa a temática da racialização. Tal temática é muito interessante para pensar branquitude, porque, para Fanon, o racismo não se reduz à inferiorização do negro. A inferiorização é o ponto mais visível, inclusive porque ela está a serviço da superiorização do branco. Mas, para Fanon, a inferiorização e a superiorização são uma parte do processo. Existe algo muito mais profundo como base delas: a racialização, que implica a fixação de negros e de brancos em determinados lugares.

Por exemplo, na modernidade capitalista, há uma racialização das noções de razão, de humanidade e de universalidade. O colonialismo faz com que o branco apareça como única expressão de humanidade, como o único detentor da razão e, portanto, como um grande representante universal do humano ou da humanidade. Esse mito foi criado a partir do contexto colonial. O colonialismo cria o mito da Europa enquanto divindade.

Existe um filósofo jamaicano, chamado Lewis Gordon, que usa o termo "teodiceia": um recurso teológico para explicar por que existe mal no mundo. Se Deus é perfeito, por que existe mal no mundo? A resposta da teodiceia é transferir para fora de Deus aquilo que, em tese, deveria ser parte dele. Se Deus é tudo, nada deveria escapar a Deus, isso no campo da filosofia.

Lewis Gordon traz esse debate da teodiceia para pensar as relações raciais. A grande provocação que ele faz, olhando para a contribuição de Fanon e de Du Bois, é que o racismo é a própria teodiceia. Ele não só inferioriza o negro, mas cria a ideia de que a Europa é perfeita, superior e quase divina. É nesse mesmo processo de deslocamento antropocêntrico, em que a religião deixa de ser o centro e a história passa a ser vista como fruto do próprio processo humano, que o ser humano, o europeu ocidental, se apresenta como deus. Um deus bem no sentido ocidental, patriarcal e totalitário, do qual nada escapa. Mas, para que essa divinização da Europa seja possível, é necessário transferir para fora todas as contradições que dela fazem parte. Então, em um primeiro momento, temos essa divinização da Europa e, em consequência, ela passa a ser vista como única dimensão de história. É como se o Deus branco tivesse criado Adão e Eva brancos e depois surgisse a Grécia, por exemplo. Como se não tivesse nada antes da Grécia e nada depois, porque depois da

Grécia vem Roma e depois disso vem feudalismo. A história da Europa vira a história da humanidade. Esse é um mito contemporâneo, moderno. Se lermos os próprios gregos clássicos, essa ideia não estava presente, havia uma ideia muito mais alargada de humanidade, embora os próprios gregos já tivessem uma diferenciação entre civilizados e bárbaros.

O que eu queria chamar a atenção é que no contexto de universalização das relações capitalistas, o eurocentrismo, que lhe é inerente, foi fundamental para desmantelar outras formas de produção e para firmar a Europa e suas relações raciais como únicas válidas. Nesse processo, o branco é apresentado como Deus. O branco vira a imagem do bom, do belo e do verdadeiro, mas existe na relação de exclusão com o seu outro, que é o negro. Então, o negro vira o oposto. Se o branco é bonito, o negro é feio. Se o branco é bom, o negro é mau. Se o branco é verdadeiro, o que o negro faz é falso ou não é tão verdadeiro. É só observarmos as dificuldades, por exemplo, para inclusão de autores e autoras negras nos espaços acadêmicos. O ponto que Fanon vai colocar é que, no colonialismo, e não poderia ser diferente, o branco vira o caminho, a verdade e a vida, ninguém vai a lugar nenhum se não for pelo branco. Nós podemos pegar, por exemplo, o lápis "cor de pele", em que o branco aparece como a cor de pele. Isso se reflete no currículo educacional, nos esquemas teológicos; ele reflete a imagem de belo que está presente na mídia, por exemplo.

O grande problema dessa teodiceia é que, se o branco é superior, para falar com o negro ele precisa se abaixar. Fanon usa algo que, no contexto francês, é bastante gritante, que é a própria linguagem. Você tem uma linguagem que é o senhor, o *vous*, que é usado para quem está à sua altura ou para quem é superior, para autoridade, e você tem o *tu*, que é como se fala com um filho, com uma criança. O branco, quando fala com o negro, utiliza o *tu*, fala mais devagar, é professoral. Há uma dimensão de superioridade.

O que Fanon coloca, e é bastante interessante nesse processo, é o custo também para o branco, embora esse seja muito bem compensado — é necessário se dizer —, mas há um custo interessante nesse aspecto. Porque, se a humanidade é relacional, se ao criar o negro, o branco acaba se criando, isso significa que, embora o branco não se veja como raça, não se veja como branco, o branco também é racializado. Ao racializar o negro e fixá-lo em determinados lugares, o branco também fixa a si próprio, e isso traz grandes questões.

A grande provocação do Fanon é que a Europa ganharia, o branco ganharia se encarasse criticamente a sua branquitude. Não é só pelo negro, supostamente coitadinho, mas pela possibilidade de pensar uma humanidade (branca) que também foi reificada e racializada pelas relações raciais. Por exemplo, para que o branco ou a Europa sejam apresentados enquanto divindades, perfeitos, é necessário transferir para fora dele as contradições que são da própria Europa ou que são do próprio capitalismo. Essas contradições só são vistas no outro. Nós temos o exemplo do termo terrorista. Só se usa o termo terrorista para falar de não brancos. Nos Estados Unidos, mesmo em ações que se enquadrariam naquilo que é considerado terrorismo, se são perpetradas por brancos, há uma dificuldade tanto da imprensa quanto dos aparatos jurídicos para enquadrá-las nessa ideia.

O racismo e a racialização não são só a inferiorização, mas são também a transferência das contradições. A humanidade é contraditória e a Europa também é fruto de contradições sociais, mas essas contradições só passam a ser vistas no outro, nesse não humano, nesse outro que é o oposto do branco; esse que vira o símbolo do mal, da violência, o símbolo das falhas.

Esse é o primeiro problema: ao transferir as contradições, o branco perde a possibilidade de encarar as suas próprias mediocridades, porque, diante dessa imagem supervalorizada de si, só o outro que teria problema ou só o outro que seria o problema — é aquilo que Du Bois chama de "problema negro".* Outro problema é que, ao transferir para o negro tudo aquilo que o branco não vê em si, por exemplo, o mal, o branco também transfere o corpo, porque esse esquema de sujeito em que a sociedade moderna se estrutura, em que o Iluminismo também se estrutura, que vem de Descartes e vai até Kant ou Hegel, ele pensa esse sujeito como sujeito da razão. O branco se vê como o único sujeito e, ao olhar para si, é apenas um sujeito da razão. Tudo que não é razão é jogado para a natureza, mas o negro só é visto enquanto natureza. O branco deixa de ver nele elementos humanos que também lhes pertencem, como as contradições, a violência e o terror, mas também o corpo e a natureza. A própria ideia de branco, a própria ideia de sujeito é uma ideia castrada de sujeito, é um sujeito que joga para fora, joga para o negro elementos que também são seus. Então, quando o branco está diante de um corpo negro, esse corpo é ameaçador porque, nesse mito colonial, o branco é só razão e o preto é só corpo.

O que o Fanon denuncia é uma racialização do branco. O branco também é racializado, só que em outro lugar, não simétrico, diferente do negro, e isso traz um terceiro elemento para pensarmos. Na medida em que o branco não vê o negro como humano, isso significa que a relação para com o negro é desumanizada, não é uma relação entre sujeitos, mas entre sujeito-branco e objeto-negro. Se a relação com o negro é desumanizada, aqui surge um problema. Vai dizer Fanon: considerando que a nossa humanidade é relacional, ao desumanizar o outro "eu também perco a minha humanidade". Na medida em que o branco desumaniza o negro, ele também se monstrifica. O ra-

* W.E.B. Du Bois, *As almas do povo negro*. São Paulo: Veneta, 2021.

cismo não é só um esquema de superioridade branca, mas é também uma monstrificação do branco.

Podemos pegar o exemplo — a professora Eunice Prudente fala muito disso —, dado por Gilberto Freyre, da escravidão. O termo "menino" só é usado para branco; o preto, o escravizado nem chegava a ser menino.* O "menino" recebia um "moleque" de presente. Na escravidão, a criança branca recebia um ser humano de presente. Nós podemos nos perguntar: qual é a noção de alteridade que uma pessoa que recebeu outro ser humano de presente vai ter? Qual a relação que essa pessoa vai ter com o seu psiquismo e também com a dor do outro? Quais relações sádicas vão se colocar na relação com o outro e também com a relação com o público? Esse menino que recebeu um escravizado de presente vai ser o juiz que vai dar uma sentença, esse menino vai ser o empresário que vai colocar o seu funcionário para arriscar a vida em um trem lotado, mesmo que ele corra o risco de se contaminar com Covid-19. Esse menino que recebeu um ser humano de presente vai ser o governador ou o presidente que vai se calar ou que vai sabotar todas as possibilidades de proteção do seu próprio país diante de uma crise eminente de Covid-19, por exemplo, em nome, supostamente, de uma economia, como se a economia não fosse feita por sujeitos.

O negro nunca é visto como sujeito. Então, toda a violência contra ele é autorizada. Aliás, a violência contra o negro sequer é pensada como violência. Você tem uma monstrificação das relações, em que o próprio branco sai monstrificado. Esse é um ponto que precisamos enfrentar nesse debate, mais do que falar em inferioridade e superioridade.

* De acordo com Deivison Faustino, o exemplo foi colocado em aula ministrada por Eunice Prudente, em 2012, durante a qual a professora comentou o livro *Casa-grande e Senzala* (Gilberto Freyre, *Casa-grande e senzala*. São Paulo: Global, 2003).

Luciana Brito

Deivison, você fala dessa monstrificação dos brancos, dada essa condição extrema de desigualdade de poder, de privilégio. Esse privilégio tamanho e concentrado me lembra uma fala da professora Cida Bento, em uma tentativa de deslocar e lançar luz sobre, por exemplo, o cidadão de bem que é um representante público que coloca dinheiro na cueca. Ela diz: "Bom, essa pessoa não foi para o núcleo dos negros, para as favelas aprender a colocar dinheiro na cueca. Ela aprendeu nas melhores escolas, nos melhores empregos, frequentando igreja". Isso que você acaba de dizer me faz pensar nesse processo de desnudar o branco e definir o que é branquitude e na necessidade que nós temos de expor as fragilidades e a monstruosidade que produzem essas relações desiguais.

Lourenço, quero lhe perguntar se o desconforto é pedagógico e depois, resgatando a contribuição de Du Bois, que é um intelectual que analisa os efeitos do racismo e da segregação racial nos Estados Unidos no final do século 19 e início do século 20, perguntar quais são as contribuições dessa intelectualidade negra no início do século 20? Você já mencionou, mas eu peço que você desenvolva mais a importância não só na academia, mas também política, para a sofisticação do debate racial, quando entram nesse cenário Guerreiro Ramos e Cida Bento, definindo o que é o ser branco. Na verdade, é uma pergunta simples: O que é ser branco? Debater branquitude é isso?

Lourenço Cardoso

O incômodo pode ser pedagógico? Não sei, mas penso que a dor pode levar à humanização. O Brasil tem cultura ibérica, principalmente portuguesa. A nossa herança portuguesa é a de jogar os conflitos para debaixo do tapete. Dialogando com o que o Deivison também colocou, na medida em que o branco não enxerga o humano no negro, ele é incapaz de enxergar humanidade em si. É uma ideia que eu trabalhei no meu livro, a ideia do branco Narciso e do branco Drácula.*

A ideia do branco Narciso é inspirada nos trabalhos de Maria Aparecida da Silva Bento. A ideia do branco Drácula é um conceito que desenvolvi junto com Dagoberto José Fonseca, meu orientador. O branco Narciso é aquele que se olha no espelho e se vê como perfeito, lindo, capaz de se apaixonar por si mesmo. Ele não tem defeito, os defeitos estão no outro, o que faz com que ele não enxergue o negro como igual. É por isso que estudamos o outro, o não branco. Qual é o problema aqui? O problema é não ser branco. E os vícios e as virtudes que o branco possui? As virtudes fazem com que ele ainda seja melhor, o que remete àquela frase "ninguém é perfeito". Já o branco que não se enxerga é o branco Drácula — aquele que não se vê no espelho. Se o branco não se enxerga no espelho, ele não vai ter a possibilidade de se autocriticar. Quem faz a crítica ao branco é o não branco, o não Drácula, aquele que o enxerga.

Essa ideia de que o branco não olha para si, não consegue ver os seus vícios ou as suas virtudes, o impossibilita de se humanizar. O branco só se fará humano quando enxergar a humanidade no negro. O negro se livra do seu complexo de inferioridade, utilizando Frantz Fanon, e enxerga o branco como humano. Eu sou humano e o branco é humano. Então, se fazer humano é enxergar no outro o humano. O branco é o outro, o outro é o negro.

Du Bois, um pensador estadunidense muito importante, que merece ser festejado, tinha um projeto de escrever um di-

* Lourenço Cardoso, *O branco ante a rebeldia do desejo: um estudo sobre o pesquisador branco que possui o negro como objeto científico tradicional.* A branquitude acadêmica, v. 2. Curitiba: Appris, 2020.

cionário da diáspora negra. Esse era um projeto coletivo que ele não conseguiu concluir, apesar de ter vivido muitos anos. No Brasil, nós temos intelectuais negros que tiveram longevidade. Ao envelhecer, você pode se tornar um intelectual mais profundo, você pode se tornar mais sábio. Nem todo mundo que envelhece se torna mais profundo como intelectual ou se torna mais sábio. Mas, quando isso acontece, nós temos Milton Santos, Angela Davis, Abdias Nascimento... E toda vez que me lembro de Du Bois, me lembro de Nei Lopes.

Nei Lopes escreveu uma enciclopédia da diáspora africana sozinho. Ele escreveu vários e vários dicionários, tem inúmeros livros. Possui alguns títulos de doutor honoris causa. São poucos os que fizeram o mesmo que ele. É preciso estudar Nei Lopes a vida toda. Ele é um dos grandes intelectuais do mundo, um dos grandes intelectuais brasileiros vivos. Qual é o tamanho do Nei Lopes? O tamanho do Nei Lopes é o tamanho que nós dávamos ao Antonio Candido. Quem é o grande intelectual do Brasil? Quando o Antonio Candido estava vivo, respondiam: "Ah, é o Antonio Candido". Quem é o grande intelectual do Brasil agora? Nei Lopes.

Escrevi um artigo em 2009, publicado em 2010,* em que coloco o Du Bois também como um dos precursores; ao lado de Frantz Fanon e Steve Biko. Mas as minhas fontes de informações atuais me levam à conclusão de que a pessoa que coloca o tema branquitude em escala mundial sem deixar dúvidas, com ênfase, é um dos grandes intelectuais mundiais, é um dos grandes pensadores que já existiu, é brasileiro, baiano e negro: Guerreiro Ramos.

* Lourenço Cardoso, "Branquitude acrítica e crítica: a supremacia racial e o branco antirracista". *Revista Latinoamericana de Ciencias Sociales, Niñez y Juventud*, Manizales, v. 8, n. 1, pp. 607-30, 2010.

Guerreiro Ramos tem um livro extraordinário, *A redução sociológica*;* e tem um livro admirável na administração pública também. Quem traz essa questão no mundo, sem deixar dúvidas, é o pensador brasileiro, nordestino, Guerreiro Ramos. Por que Guerreiro Ramos ainda não tem essa repercussão? Porque ele é brasileiro, de um país que teve um presidente que tem, evidentemente, um complexo de vira-lata e a academia brasileira-branca tem complexo de vira-lata. Nós, estudantes, temos que nos livrar desse complexo de vira-lata dos nossos professores brancos. Frases como: "Eu quero ser Sorbonne", "Eu quero ser Harvard" devem ser revertidas para: "Eu quero ser eu, eu quero ser a Unilab, eu quero ser uma universidade autêntica brasileira".

Du Bois é muito importante, mas não é mais importante que Nei Lopes. Antonio Candido é muito importante, mas não é mais importante que Nei Lopes.

Os negros, as negras e os povos originais, fora da academia, já problematizavam o negro. O que ocorreu é que nós entramos na academia e estamos problematizando o negro no espaço acadêmico. Um dos primeiros livros de que eu tenho notícia, no qual foi defendida a tese de que é necessário problematizar o branco, depois do Guerreiro Ramos, foi o livro do Cuti, chamado *E disse o velho militante José Correia Leite*,** de 1992. Cuti escreve na apresentação, pegando o livro do Guerreiro Ramos: os brancos, a academia, nos veem como alienígenas, o negro como objeto, como alienígena, como corpo estranho. Onde já se viu problematizar o branco? Só Guerreiro Ramos. Nos anos 1990, no Brasil, em São Paulo, quem estava atento a problematizar o branco? Quem estava atenta, de fato, era somente a

* Guerreiro Ramos, *A redução sociológica*. Rio de Janeiro: Ed. UFRJ, 1996.

** Cuti, *E disse o velho militante José Correia Leite*. São Paulo: Secretaria Municipal de Cultura, 1992.

Maria Aparecida da Silva Bento, que levantava essa discussão no ativismo negro, nas universidades, e as pessoas não davam muita bola. Agora, a branquitude está muito popular.

Quem prestava atenção na Maria Aparecida da Silva Bento? Quem era sensível à essa pauta da Maria Aparecida da Silva Bento, que ela já falava nos anos 1990 e, principalmente, no início dos anos 2000? A pessoa que era sensível era Cuti, somente ele. Maria Aparecida da Silva Bento coloca a proposta do Guerreiro Ramos na academia. Mas, antes da academia, os negros, os povos originais, no contato com os pesquisadores brancos, doutores ou estudantes, futuros doutores, futuros mestres, falavam o seguinte: "Vocês vêm aqui, na minha favela, me pesquisar de novo?".

Você, negro, favelado; eu, branco, pesquisador da classe média ou da classe alta, vou à favela, pesquisar o negro. Vou aos territórios indígenas pesquisar os povos originais. Daí, os negros, os povos originais, estão falando: "Vocês vêm aqui me pesquisar de novo? Quem são vocês?". Os negros que estavam colocados na condição de objeto já problematizavam o branco e, ao entrar na academia, acabam fazendo isso academicamente, porque o branco procurou se ocultar. A ideia de que o branco não enxergava a sua identidade racial nunca me convenceu, e isso é uma das narrativas da teoria da branquitude, dos estudos estadunidenses da branquitude dos anos 1990 que chegam no Brasil. O que é o não se enxergar? Se o branco não se enxerga, ele não tem responsabilidade. Como ele não se enxerga, se ele enxerga o outro? Eu não sou outro, não sou indígena, não sou favelado. Ou, se sou um branco favelado, sou um favelado melhor, porque sou um favelado branco. O branco procurou se ocultar, ele não era interpelado. O negro é interpelado o tempo todo. O negro e a negra vão ao restaurante da classe alta e as pessoas apontam: "Um negro! Um negro! Um negro!".

Luciana Brito

No debate público brasileiro recente, o movimento negro se posicionou: "com racismo não há democracia". O que a branquitude tem feito com relação à democracia? Tanto a branquitude mais progressista quanto a mais conservadora, na sua forma mais extrema, muitas vezes camuflada, muitas vezes abertamente racista, o que ela tem feito à democracia do país onde a maioria da população é negra?

Deivison, tenho uma outra pergunta para você: a branquitude é o radicalismo identitário que forma a identidade branca à margem e semelhança do Deus branco? Para Lourenço: vivemos séculos sob a posição de país escravista. Você considera que a Constituição de 1988 teve algum avanço no reconhecimento do negro e o que poderia ser explorado mais? O que não foi reconhecido?

Deivison Faustino

"O que a branquitude tem feito à democracia?" é uma pergunta instigante e complexa, porque exige uma análise histórica do Brasil, um país que se funde e se forma enquanto país a partir do genocídio indígena e a partir do trabalho escravo. A maior parte da nossa história se deu a partir do trabalho escravo, mas, uma vez que as relações escravistas são superadas e que nos inserimos em relações propriamente capitalistas, em contradição "capital-trabalho", ainda assim vamos ver uma racialização da classe, das relações de classe e também das relações de poder, de um lado, e, do outro, uma não ruptura com esse passado escravista. O Brasil nunca rompeu. Florestan Fernandes falava que nós vivemos uma "descolonização interrompida",* por-

* Florestan Fernandes, *Circuito fechado: quatro ensaios sobre o poder institucional*. São Paulo: Hucitec, 1976.

que as nossas classes dominantes nunca romperam com aquilo que atrasava, inclusive, a possibilidade de o país se converter enquanto nação independente, autônoma e soberana.

De certa forma, a opção escravista teve efeitos para toda a sociedade brasileira e para as nossas formas de organização do público, do privado etc. Sobretudo, ela resultou também em uma relação muito estranha com a própria democracia, porque o racismo próprio da escravidão fez com que uma parte da população não fosse vista como sujeito. Como sujeito de direito e, em consequência, como sujeito político.

A própria democracia foi algo que sempre oscilou na história do Brasil. Em alguns momentos, existem fissuras que permitem avanços democráticos, mas mesmo esse momento dito democrático precisaria ser visto com cinquenta aspas, porque os momentos que tivemos de democracia foram de democracia política, mas, nem sempre, ou na maioria das vezes, não foram de democracia econômica, não foram de democracia do ponto de vista de direito, de segurança, de seguridade. O direito ao voto é uma democracia? Talvez não.

Nesse processo de revezamento entre ditadura e democracia — essa é a história do Brasil: nós saímos do Império e entramos na República a partir dos coronéis, a partir de um golpe, e todos os grandes saltos da história do Brasil foram feitos a partir de golpes. Nos momentos em que houve democracia, a segunda pergunta que deve ser feita é: "Democracia para quem, cara-pálida?".

Os momentos de democracia foram restritos a algumas pessoas. Podemos pensar desde conquistas trabalhistas, por exemplo, que foram restringidas aos trabalhadores do Sul e do Sudeste. Essas regiões são lugares em que os trabalhadores negros foram excluídos da possibilidade de serem vistos como trabalhadores e foram substituídos por europeus. Nesses lugares, nós tivemos direitos trabalhistas, tivemos alguma democracia para além da econômica. Quando saímos do eixo Sul-Sudeste, as relações de trabalho, por exemplo, são semiescravistas, é o *Morte e vida severina** que o João Cabral de Melo Neto coloca. Quem são esses trabalhadores? São os trabalhadores negros.

A própria democracia em si deveria ser questionada e, além de questionar a democracia enquanto horizonte, as perguntas que precisam ser feitas são: "Democracia para quem? E até que ponto a população negra teve acesso a ela?". A última vaga democrática, que se fechou também em 2018, foi bem curtinha, marcada no início pela Constituição e indo até a eleição da Dilma. Houve um período de ampliação das possibilidades democráticas. Mas, mesmo esse período foi marcado pela manutenção das desigualdades, pela manutenção das estruturas de poder tal como elas sempre existiram. Não houve ruptura com a lógica escravista de poder que está no Brasil, e isso tem uma implicação.

Do ponto de vista racial, podemos voltar para a pergunta: "O que a branquitude tem feito à democracia?". A branquitude tem militado pela racialização do acesso à democracia. Todas as formas de poder, por exemplo as patrimonialistas — essa sociedade do "você sabe com quem está falando?" —, são racializadas. Todo mundo sabe, como o Lourenço coloca, que a partir da cor se determina o lugar social das pessoas em qualquer lugar do Brasil. Ninguém tem dúvida disso.

A branquitude estrutura as formas de poder nos piores e nos melhores momentos. Além disso, estrutura os espaços de luta contra essas relações de poder. Ela não está só na direita. Quem dera as relações de poder próprias da branquitude fossem uma

* João Cabral de Melo Neto, *Morte e vida severina*. Rio de Janeiro: Alfaguara, 2007.

exclusividade da direita, do Bolsonaro. A branquitude também está presente na esquerda. Nós podemos pensar nas várias esquerdas: Quem são as lideranças das organizações? Quais são os referenciais teóricos? Quais são os paradigmas de liberdade, de igualdade e de democracia que estão em jogo?

O exemplo que o Lourenço traz é muito interessante, porque marca, inclusive, uma academia crítica. Você pode ser o mais crítico que for, mas conhecemos mais da França e dos Estados Unidos do que da Bolívia, por exemplo. Há uma racialização das formas de luta. A grande oportunidade que se abre nesse debate é pensar nisso, porque essa racialização implica impacto, do ponto de vista das experiências de luta, naquilo que ela mesma se propõe a combater. Isso significa, em última instância, uma fragilidade, talvez a própria impossibilidade de sucesso dessas experiências, dessas tentativas de subversão em que não há ruptura com o pacto narcísico da branquitude. O pacto também está presente nas esquerdas.

Isso implica ademais acertar as contas com aquilo que venho chamando de identitarismo branco. O termo "identitário" tem sido muito mobilizado, inclusive por uma certa esquerda, para rotular movimentos que se organizem em torno de suas identidades ou das identidades subalternizadas. Temos o movimento LGBTQIA+, o movimento negro, o movimento de mulheres negras: eles passam a ser vistos como identitários. O que se esquece, quando ignoramos pensadores como Guerreiro Ramos, Frantz Fanon, Lélia Gonzalez e Beatriz Nascimento, é que o que fundamenta a existência de um identitarismo negro de luta é, antes de mais nada, o identitarismo branco. É exatamente porque existe um identitarismo branco que surge a necessidade de uma auto-organização.

Se voltarmos no século 15, no contato de Diogo Cão com o manicongo, no reino do Congo, os africanos não se viam como negros, não havia essa identidade, existia a mobilização de outras identidades que não essa "negro × branco" propriamente dita. A grande sacada dos intelectuais negros ao reivindicar para si o termo "negritude" foi a possibilidade de romper com a teodiceia branca, de deixar de ver o branco como deus e vê-lo como humano, enxergando as suas contradições, os seus limites, a sua mediocridade e as suas monstruosidades.

Sem a negritude, esse processo de contraposição não seria possível. Mas qual é a reação do branco diante da negritude? Ele a taxa de identitária, como se a própria defesa de uma ideia de humano que, em última instância, é uma ideia branca, não fosse identitária. Quando os iluministas estão definindo o que é o ser humano, eles estão falando da Europa. Quando Hegel — que tem uma grande contribuição para se pensar a história — está dizendo o que é a história, ele tem em mente, ou como ponto de chegada, a Europa. Existe um identitarismo branco que permeia a construção de sujeito que vai se criar e que infecta, inclusive, as produções teóricas que se colocam como contraponto às injustiças na sociedade moderna.

Não adianta rotular as insurgências negras de identitarismo — e elas podem o ser em alguns momentos. Isso implica, para o Fanon, questões que precisam ser pensadas do ponto de vista de contradições. Ao mesmo tempo, antes de olhar para esses limites dos grupos subalternos em processo de mobilização, a principal tarefa é a crítica e a ruptura com esse identitarismo branco. Aqui é o ponto em que tudo trava, em que tudo continua como sempre foi, seja na mão direita ou seja na mão esquerda. Se formos pensar a morte da Marielle, houve uma comoção nacional em torno dela. Mas não adianta só citar o nome dela se as próprias mobilizações e as mudanças que se criam a partir daí não forem na direção da ruptura com esse identitarismo branco. No exemplo do *petit* *nègre*,* o branco desce para falar com o de baixo, é o branco que precisa ir para a favela, que ainda está olhando como Deus para o outro e o reconhecendo como outro, sem se perceber ele próprio como o outro do outro.

Debater a branquitude, portanto, é tirar o branco desse lugar de Deus e colocá-lo como objeto também do outro, do sujeito negro que o está interrogando. Eu entendo, a partir da leitura do Fanon, que esse processo é incômodo, incontornavelmente incômodo, mas ele é necessário, sob o risco de continuarmos, mesmo apesar de boas intenções e de palavras bem ditas, como sempre fomos, hierarquizados e desumanizados.

Luciana Brito
Deivison, você lançou esse exemplo do branco que vai nas favelas conversar e que fala essa linguagem supostamente mais acessível às pessoas negras. Nós temos visto muito isso agora em campanha eleitoral.

Lourenço Cardoso
A intelectualidade e o ativismo negros são muito diversificados. Nessa diversidade, há a questão que chamamos de mais identitária. Vamos falar de justiça, vamos falar de ciência e vamos falar de política. A nossa pasta na política não é somente a pasta da Promoção da Igualdade Racial. Por mim, dê essa pasta ao branco e à branca antirracistas. Nós ficamos com a presidência, com o ministério da Fazenda, com tudo. Já ficamos muito

* *Petit nègre* é uma linguagem que foi introduzida e utilizada pelo exército colonial francês, entre 1857 e 1954, durante a colonização na África. Essa linguagem é um símbolo da concepção racista dos colonizadores em relação aos povos originários da África, que eram infantilizados e tidos como subdesenvolvidos, o que justificaria o uso de uma variante da língua francesa simplificada.

com a Promoção da Igualdade Racial. Passamos para o branco antirracista essa pasta em um próximo governo, porque nesse governo ela não existe. A tendência é que haja uma mudança da presidência branca da ultradireita nos Estados Unidos e isso é bom para o mundo, isso é muito bom para o Brasil.

Na questão da democracia, a coalizão negra por direitos realmente tem questionado: "Democracia sem os negros?". Escrevi uma poesia há muito tempo em que eu dizia "democracia, no Brasil, é um governo do negro para o negro", brincando com aquela ideia de maioria. Já que somos maioria, deveríamos ser governados pela maioria negra. Como é poesia, as pessoas não ficaram tão assustadas.

Eu penso em Boaventura de Sousa Santos, que usa o conceito de "democracia de baixa intensidade".* No Brasil, há uma democracia de baixa intensidade. Vou lembrar também outro pensador negro brasileiro, Helio Santos, importantíssimo. Ele escreveu o livro *A busca de um caminho para o Brasil*,** em que fala de dois Brasis: o Brasil do negro e o Brasil do branco; o Brasil da negra e o Brasil da branca; o Brasil do branco pobre e o Brasil da branca pobre. Há essa estrutura, esse arcabouço, esse modelo democrático que é muito festejado com a prática da eleição. O que é a eleição para o branco pobre? É eleger brancos pobres que vão se tornar classe média ou eleger brancos da classe média — brancos e brancas, mais homens brancos — ou eleger brancos ricos que vão ser o carrasco dos brancos pobres.

* Para Boaventura de Sousa, vivemos atualmente uma "democracia de baixa intensidade", conceito que caracteriza sociedades que, de maneira formal, são democráticas, mas socialmente apresentam práticas totalitárias e de controle da população civil.

** Helio Santos, *A busca de um caminho para o Brasil: a trilha do círculo vicioso*. São Paulo: Senac, 2001.

O sistema democrático para o branco e a branca pobres é uma estrutura muito festejada em época de eleição, um show de democracia. São bonitas essas palavras. Eu fico muito comovido quando falam "um show de democracia", "Estados Unidos, a maior democracia do mundo" — grande democracia essa que inventou uma maneira de impedir o povo de escolher um presidente de maneira direta, mas vou deixar os Estados Unidos para voltar a criticar o Brasil.

A democracia no Brasil, para o branco pobre, é eleger aquele que vai ser o seu carrasco. Para o branco rico está tudo bem, tudo ótimo; e para a classe média, nem tanto. Para o branco rico, todos os governos, inclusive o de esquerda — aliás, principalmente o de esquerda —, foram para eles. Eles são o foco. Agora, o que é a democracia para o negro e a negra pobres, para o negro de maneira geral, e mesmo para o negro da classe alta? (Negro rico comparado ao branco rico é pobre, mas tudo bem, deixa o negro pensar que é rico...) Para o negro rico, a democracia é eleger alguém que vá usar o Estado para matá-lo, tendo como instrumento principal a polícia. Eu estou elegendo alguém que vai eleger um secretário de Segurança que, para o negro e para a negra, é uma insegurança.

No Brasil, temos uma democracia de baixa intensidade. Para o negro e a negra, praticamente não há democracia. O que tem de democrático em eleger alguém que vai utilizar da polícia para nos matar? Nisso, entram todos os negros e as negras, mas o alvo principal são os homens negros — mesmo os intelectuais ou da classe alta —, que podem ser mortos pela polícia. É a estrutura policial, é o sistema policial. A morte pode vir até pela mão de um negro.

Para o negro e a negra, eu ousaria dizer que não há democracia. Só que há esse modelo bonito que nós festejamos. Nele, na questão da política, o negro está disposto a votar no negro? O negro está disposto a votar na negra? E o branco antirracista?

Brancos antirracistas, votem no negro e na negra. As pessoas ficam perguntando "o que eu tenho que fazer?". Eu não gosto de dar resposta, mas hoje estou bonzinho, então vou dizer: "Brancos antirracistas, votem no negro e na negra para que a política possa interferir em um espaço, que é a Justiça".

Um dos maiores poderes no Brasil é a Justiça. Ele está maior que o poder da política. Não dá para dizer que é maior do que o poder econômico, mas a Justiça, em termos de equilíbrio de poder, é maior do que o poder Legislativo. Dessa forma, temos que usar os negros na política para que possamos pressionar para termos mais juízes negros e negras, para que, tendo como fonte a Constituição, possam fazer um debate diversificado de fato.

Sobre a Constituição, é complicado fazer uma crítica, até porque o branco da ultradireita também está querendo fazer sua crítica. Não farei para não entrar no mesmo jogo, para não colaborar com o branco de ultradireita. Mas podemos dizer o seguinte: a Constituição de 1988 teve a contribuição negra que aparece no livro da Natália Neris,* focando mais na questão negra, dos direitos negros, e era para ser mais aprofundada.

A estrutura da política diminuiu e, mesmo assim, os negros conseguiram grandes avanços. A Constituinte foi feita pela maioria de homens brancos. (Dizem que essa Constituição é cidadã. E vamos continuar dizendo, porque a ultradireita também está querendo questionar a Constituição. A ultradireita é sempre contra nós, negros, e quer que a gente morra! E digo mais, questiona por que ainda estamos vivos. Se você é negro e de ultradireita, você também está dizendo: "Negro, por que você ainda está vivo?". Só que o negro da ultradireita espera

* Natália Neris, *A voz e a palavra do movimento negro na Constituinte de 1988*. Belo Horizonte: Casa do Direito, 2018.

que não seja exatamente ele a ser morto. "Não, não sou eu, mas se for o do lado tudo bem".) Voltando, a Constituição teve a contribuição negra, mas se ela tivesse uma pluralidade de negros e de povos originais que representassem o Brasil, realmente seria uma verdadeira Constituição.

Os negros estão cada vez mais na academia. Ainda são poucos se comparados aos brancos, mas já estão criando uma tensão. No espaço da Justiça, no Supremo Tribunal Federal, nós praticamente não estamos. Na ciência, nós já estamos, e o pouco que nós estamos já cria tensão. Na política, podemos votar no negro, e o branco antirracista também pode votar no negro. Mas que vote no negro de esquerda! Eu estou sendo muito generoso hoje, então, se houver um negro de direita que seja a favor da promoção da igualdade racial, pode votar nesse negro também. Assim, nós podemos entrar na política — isso na lógica burguesa, capitalista e liberal.

Há as tensões que vivemos na academia e as questões da sociedade capitalista. Se o negro entrar na política, na Justiça, vai acontecer o que está acontecendo na academia. Branco versus negro é uma disputa de igualdade de condições. O branco vai se unir, no que Maria Aparecida Bento chama de pacto narcísico, contra nós. Nós estamos em uma sociedade em que não há emprego, cada vez há menos. Em uma sociedade como essa, os brancos — até por questão de sobrevivência, e não por uma questão moral — vão usar da vantagem que têm por serem brancos na disputa do mercado. Uma das soluções que estão apontando, que é para gerar uma anestesia, é a renda mínima. Vou ficar por aqui.

Luciana Brito

Para encaminhar as duas últimas perguntas, coloco essa para Deivison. Makota uma vez falou: "Por que esses brancos não vão pesquisar as coisas deles? Porque não têm nada para mostrar". Deivison, o que é a cultura branca no Brasil?

Deivison Faustino

Makota Valdina foi uma grande mulher, professora, sacerdotisa, uma sábia... Ela tinha várias frases que nos ensinam muito.

Uma resposta que poderíamos trazer para o debate tem a ver com a própria dimensão colonial da produção de conhecimento na nossa sociedade. O racismo e a racialização não são coisas que se restringem ao âmbito policial, da violência explícita. Há uma dimensão do racismo que marca a própria produção de conhecimento e as suas disciplinas, toda a academia ocidental na forma que ela é estruturada — e nós somos herdeiros, a depender do lugar onde nos formamos, de uma vertente mais francesa, estadunidense ou alemã; somos herdeiros de uma forma de pensar racista, que, em primeiro lugar, toma o próprio branco como expressão de humanidade; portanto, o branco opera como parâmetro de universal.

A primeira questão é entender que a própria ideia de universal já é racializada. Muitas vezes, não estamos falando de branco, mas é do branco que estamos falando. Essa racialização do universal faz com que, por exemplo, no debate na área da saúde, um dos princípios do SUS seja a universalidade. Se o movimento negro não brigar muito dentro do espaço da saúde, a ideia de universalidade em si acaba refletindo exclusivamente a experiência dos brancos, mesmo que seja dos brancos pobres; ou, no mínimo, respondendo a preocupações pseudouniversais que mantêm as desigualdades. As mulheres pretas morrem mais que as brancas em todos os estados do Brasil. Se uma política de combate à morte materna não tem a dimensão racial em vista, ela acaba beneficiando apenas as mulheres brancas, porque as nossas desigualdades sociais criam essa estrutura e fazem com que o branco seja privilegiado nesse espaço. É o branco que está lá, ele só não é mencionado. Assim, o branco vira a expressão da universalidade.

A segunda questão é a de que o negro só aparece enquanto objeto, nunca enquanto sujeito. O negro sempre apareceu enquanto objeto de estudo. As ciências sociais brasileiras foram criadas a partir do estudo do negro. Fanon vai dizer isso: o problema não é o negro estar ou não na universidade. Ele aparece na produção de conhecimento, mas só aparece como objeto. Nesse sentido também há uma racialização, porque, se ele é o objeto, o branco vira o sujeito. Isso tem a ver com a dimensão colonial das ciências sociais.

Um pensador europeu disse: "A sociologia para nós e a antropologia para eles". Portanto, a sociologia vai cuidar da sociedade urbana, europeia, e da organização social da própria Europa; e a antropologia vai servir para estudar esse outro exótico, que não é considerado humano, mas que precisa ser entendido para ampliar as possibilidades de dominação. A antropologia surge do colonialismo, a partir de uma ideia desumanizada de que esse outro não é igual. A própria ideia de eu versus o outro, de quem é estranho e de quem é familiar, tem uma dimensão colonial. Não é à toa que a maior parte dos estudos antropológicos são sobre esse outro: a mulher negra, o indígena, o hip-hop, mas temos pouquíssimos estudos antropológicos sobre o professor acadêmico, sobre o político. Aliás, essas pessoas teriam grande resistência a abrir a possibilidade de pesquisa nos seus espaços. Há ainda uma racialização do outro e do eu. O branco ainda é visto como o eu ou o nós, e o preto ainda é visto como o outro. Isso tem uma implicação.

Há uma terceira questão, para encerrar, que tem a ver com o narcisismo castrado da branquitude ocidental. Ao transferir para o negro as contradições, mas também o corpo, o branco passa a ter uma relação precária com a sua própria subjetividade, com a sua própria experiência de vida. As contradições, que também são suas, só serão vistas no outro, assim como a natureza que o compõe, que só é vista no negro, no indígena. Nós chegamos, no século 20, em um momento em que mesmo os europeus começaram a criticar a aposta que o Ocidente fez na técnica. Temos uma inversão. Saímos do Descartes e fomos para o Nietzsche. Inverteram-se os polos.

A prevalência da técnica existiu no romantismo, mas o próprio modernismo, enquanto vanguarda, critica a ideia de razão e busca o corpo. É nesse momento que há uma volta ao passado como crítica à técnica, à razão instrumental. Quem é, por excelência, o corpo na sociedade colonial? É o negro. É nesse momento que o negro passa a ser valorizado nas artes. Você vai ver cantor de jazz indo se apresentar na França, por exemplo. Você vai ver a classe média branca do Sudeste brasileiro subindo o morro para ouvir samba, indo ao Nordeste. É no momento em que o branco acha que precisa voltar para o atraso, para o passado, que o negro aparece em destaque. Porém, Fanon vai mostrar que o negro ainda é o passado e o branco ainda é o moderno. Com isso, mesmo que pareça uma valorização é, na verdade, uma expressão racista da racialização. É muito curioso como a cultura negra virou a cultura popular mundial. A cultura negra é o produto que mais vende hoje. Isso também tem a ver com uma certa racialização, e isso tem uma série de implicações para o próprio negro, mas também para o branco.

O branco ainda é o universal de humano, de desenvolvimento, de técnica; e o preto, o negro, a preta, a negra não são vistos, e nas ocasiões em que passam a ser vistos, o são apenas enquanto natureza, enquanto o outro, enquanto aquilo que o branco deixou de ver. Portanto, mesmo em um momento de valorização, ainda operamos uma lógica colonial. Esse é um grande desafio a ser rompido.

Luciana Brito
Lourenço, nos dias atuais, com o racismo exposto, muitas pessoas brancas buscam por um selo antirracista e isso gera a "tokenização"* abordada por Joice Berth. Poderia falar sobre isso?

Lourenço Cardoso
Particularmente não conheço esse texto da Joice Berth, apesar dela ser uma intelectual que eu acompanho. O que dá a entender, para mim, é a questão da hipocrisia. Essa questão de selo antirracista me parece uma questão de hipocrisia. Para o mercado, o selo antirracista faz com que ele ganhe mais, faz com que ele tenha lucro.

Quem não pensa assim é essa branquitude acrítica que está no poder no Brasil e nos Estados Unidos. Ela é de um racismo do tipo Ku Klux Klan,** dos neonazistas, e não está preocupada com a questão de selo antirracista. Até a chegada de Trump ao poder e essa onda da branquitude acrítica, o selo antirracista era algo propagado, também é uma imitação dos estadunidenses. É uma verdade da sociedade capitalista: se você contratar negros, se você contratar o maior número de pessoas diversificadas, você tem mais lucro. Pareço um capitalista falando, mas é um fato.

Esse selo antirracista — que é uma perspectiva defendida pelo negro de direita, ainda que não exclusivamente — pode ser uma hipocrisia, mas, em termos de prática, para uma empresa, serve como propaganda, como marketing.

* Tokenização é um termo utilizado para descrever uma prática na qual uma pessoa acusada de racismo ou de machismo faz uso de suas relações sociais para justificar atitudes opressoras e preconceituosas.

** A Ku Klux Klan é uma organização criada nos Estados Unidos após a Guerra Civil Americana, que promove ideais do supremacismo branco, perseguindo a população negra e cometendo crimes de violência contra ela.

Para finalizar, eu gostaria de fazer menção ao nosso colega Weber. Uma das primeiras vezes que eu e o Deivison participamos de uma mesa foi para ouvir o Weber, que lançou um livro no ano passado.* Ele é um grande intelectual negro revolucionário, assim como o Núcleo Cultural Força Ativa, da Zona Leste de São Paulo. Há vinte anos, estávamos na casa do Deivison, na periferia de Santo André, ouvindo o Weber. O Deivison lançou um livro** e eu também estou lançando um livro este ano.***

* Weber Lopes Góes, *Racismo e eugenia no pensamento conservador brasileiro: a proposta de povo em Renato Kehl*. São Paulo: Liber Ars, 2018.

** Deivison Faustino, *A disputa em torno de Frantz Fanon: a teoria e a política dos fanonismos contemporâneos*. São Paulo: Intermeios, 2020.

*** Lourenço Cardoso, *O branco ante a rebeldia do desejo: um estudo sobre o pesquisador branco que possui o negro como objeto científico tradicional*, op. cit.

O papel da comunicação no antirracismo

LIV SOVIK E TIAGO ROGERO

Os meios de comunicação produzem, legitimam e perpetuam os estereótipos raciais. Ao acessarmos as diferentes mídias, constatamos que, apesar de morarmos no país com a segunda maior população negra do mundo, os brancos estão em evidência desproporcional, confirmando os valores estéticos da branquitude. No entanto, se a comunicação tem um papel fundamental para reafirmar o racismo, ela também tem a potência para produzir outros significados raciais que contribuam para o antirracismo. A partir dessa constatação, a ideia deste texto é pensar como indivíduos e instituições, por meio das mídias sociais e veículos de comunicação, e da produção literária e audiovisual, podem fortalecer a luta antirracista.

Tiago Rogero
Pensei em dividir as perguntas iniciais em duas partes: uma, de identificação dos problemas, e a outra, de caráter mais propositivo. A primeira pergunta que faço é a seguinte: de que forma os meios de comunicação contribuem para perpetuar e legitimar o racismo?

Liv Sovik
Eu gostaria de partir de um viés histórico, porque os meios de comunicação, do jeito que nós os conhecemos, são posteriores ao racismo. Eles potencializam certos conhecimentos sobre grupos racializados. A história da fotografia coincide com a história do racismo científico, por exemplo, e também do cartão-postal. Isso é uma coisa que não se ensina nas escolas de comunicação.

Por motivos supostamente científicos, pessoas negras e indígenas foram apresentadas atrás de cercas nos salões dos zoológicos humanos montados para exposições universais, entre 1850 e 1930, mais ou menos. Essas exposições, realizadas na Europa, mostravam os avanços da modernidade e as novidades tecnológicas — e tudo aquilo que era trazido das colônias, incluindo seus habitantes, demonstrando a conquista da natureza. De maneira similar, existiam atrações circenses com indígenas e caubóis. Essas exposições foram verdadeiros meios de comunicação de massa. A Exposição Universal de Paris,* em 1900, exatamente na virada do século, teve 50 milhões de visitantes. Milhões de cartões-postais foram vendidos com imagens de povos das colônias. Nessa situação, eles estavam praticamente presos.

Esses espetáculos de conhecimento científico eurocêntrico arraigaram o racismo nas identidades nacionais europeias e norte-americanas. O racismo também justificou, nos Estados Unidos, o massacre de africanos e afrodescendentes na produção agrícola, o extermínio de indígenas e a ocupação de suas terras; acompanhou e deu apoio moral à colonização europeia de partes da África e da Ásia e à extensão dessas imagens e conhecimentos

* Feira ocorrida em Paris, em 1900, entre 15 de abril e 12 de novembro, realizada com o intuito de celebrar as conquistas europeias do século anterior, como suas ações de colonização na América, na Ásia e na África, e de estimular o desenvolvimento do século que se iniciava.

racistas para os países ibero-americanos. A coesão de sociedades brancas com enormes desigualdades sociais dependia dessa produção simbólica, desses discursos racistas. Elas estavam unidas pelo desprezo e pela exclusão das ditas "raças inferiores". Os meios de comunicação, os eventos, os discursos científicos relatados nos jornais, a fotografia, as artes gráficas e, depois, o cinema foram fundamentais nesse processo.

Outro antecedente da produção do racismo está na música popular. Wesley Morris, que é crítico de música popular do *New York Times*, relata em um podcast que a primeira música popular verdadeiramente estadunidense foi uma canção de negros, cantada em torno de 1830 por um branco pintado de preto, chamada "Jump Jim Crow".* O gênero *blackface*, que veio para substituir o gosto pelas óperas italianas e as operetas inglesas, foi extremamente popular e continuou em cartaz, inclusive em filmes, até as primeiras décadas do século 20, nos Estados Unidos. O *blackface*, então, se tornou parte do repertório brasileiro. Lembremos de Jô Soares e também da recente polêmica em torno de uma peça de teatro em São Paulo.**

Aqui no Brasil houve uma tentativa de segregação racial na música popular. Em outubro de 1914, Nair de Teffé, a mulher do presidente Hermes da Fonseca, tocou ao violão o "Corta-jaca", que é uma espécie de dança que imitava o corte de uma jaca, de Chiquinha Gonzaga, em uma recepção no Palácio Presidencial.

* O relato citado por Liv Sovik faz parte do terceiro episódio do podcast *1619*, do *New York Times*, que trata do nascimento da música popular americana. Disponível em: <www.nytimes.com/2019/09/06/podcasts/1619-black-american-music-appropriation.html>. Acesso em: 29 nov. 2022.

** Em 2015, o grupo teatral Os Fofos Encenam faria a reestreia da peça *A mulher do trem*, na qual há o uso de *blackface*, recurso utilizado por atores brancos para representarem de forma caricata personagens negros. Ao ser acusada de racismo, a companhia teatral e o Instituto Itaú Cultural, onde seria a apresentação, decidiram suspender a montagem da peça.

No dia seguinte, Ruy Barbosa, o rival político de Hermes da Fonseca, discursou no Senado Federal.

> Uma das folhas de ontem estampou em fac-símile o programa de recepção presidencial em que, diante do corpo diplomático, da mais fina sociedade do Rio de Janeiro, aqueles que deviam dar ao país o exemplo das maneiras mais distintas e dos costumes mais reservados elevaram o "Corta-jaca" à altura de uma instituição social. Mas o "Corta-jaca" de que eu ouvira falar há muito tempo, o que vem a ser ele, sr. presidente? A mais baixa, a mais chula, a mais grosseira de todas as danças selvagens, a irmã gêmea do batuque, do cateretê e do samba. Mas nas recepções presidenciais o "Corta-jaca" é executado com todas as honras da música de Wagner, e não se quer que a consciência deste país se revolte, que as nossas faces se enrubesçam e que a mocidade se ria!*

Assim, o racismo não é somente reproduzido pelos meios de comunicação, mas ele é parte central de nossa cultura pública e de identidades nacionais eurocêntricas no mundo inteiro.

Tiago Rogero
Eu queria lembrar que o *blackface* ainda está em voga no Brasil. Recentemente, no ano passado, um reality show exibiu um quadro no qual foi feito *blackface*.** Ainda é algo que surpreendentemente faz parte da nossa realidade.

* Anais da República, 1914, p. 51. Texto disponível em: <www.senado.leg.br/publicacoes/anais/pdf/Anais_Republica/1914/1914%20Livro%207.pdf>. Acesso em: 29 nov. 2022.

** No episódio de 15 de outubro de 2020 do reality show *A Fazenda*, o humorista Márvio Lúcio, conhecido como Carioca, fez uso de *blackface* ao realizar uma paródia de uma música do grupo Raça Negra, cujo vocalista é negro.

Agora, nesse campo mais propositivo de pensar em mudanças de fato, de que forma os meios de comunicação podem, com ações reais, práticas e tangíveis, contribuir para o antirracismo?

Liv Sovik

Uma coisa que eu venho pensando é: como essas histórias podem ser contadas de maneira a tocar o produtor do estereótipo, ou seja, o branco? Eu gostaria de tomar emprestado um traço da cultura negra para tentar chegar a uma definição dos traços de uma comunicação não racista que atinge o branco.

Vou adotar um traço dessa cultura olhando para os ancestrais: quem são os ancestrais dos antirracistas brancos? Como podemos aprender com eles sobre imaginação, emoção e antirracismo?

Eu me lembro sempre da história de Charles Black Jr., que nasceu em 1915, no Texas. Ele foi um professor branco de direito constitucional e atuou no histórico processo na Suprema Corte Americana, em 1954, contra a segregação das escolas (*Brown vs Board of Education*). A parte que reivindicava a mudança era a National Association for the Advancement of Colored People (NAACP, Associação Nacional para o Progresso de Pessoas de Cor), organização negra chefiada pelo grande jurista, que depois virou juiz da Corte Suprema, Thurgood Marshall.

Black atribuiu a sua consciência antirracista ao que lhe aconteceu quando era calouro na Universidade do Texas: sem saber nada a respeito, ele foi assistir Louis Armstrong, que tocava em um hotel. Era 1931, quando a segregação ainda estava há mais de vinte anos de ser declarada ilegal. Dizia Black, que cito aqui:

> É impossível exagerar o significado, para um menino do Sul, de 16 anos, de ver o gênio que, pela primeira vez, era um negro. Na época, não víamos nunca um negro na função que não fosse de serviçal.

> [...] Mas genialidade? [...] Nunca havia passado pela minha cabeça que veria isso pela primeira vez em um homem negro. Você nunca se recupera disso.*

Esse nosso ancestral branco antirracista, por ironia chamado de Black, foi atingido em sua imaginação, sentiu admiração pela genialidade de Louis Armstrong (um homem negro), e se responsabilizou por agir para pôr fim à situação em que tal gênio era inimaginável e se beneficiou com isso. Trinta anos depois do processo na Corte Suprema, disse: "Quando você deixa claro que é contra o racismo, imediatamente, você começa a conhecer pessoas muito legais, e o mesmo vale para a pena de morte".**

Acho interessante pensar nesse ancestral dos brancos e das brancas antirracistas, pensar que a música o tocou e que ele se dispôs a largar os privilégios de ser branco para apoiar um processo contra a segregação, no mínimo controversa, entre os seus, pois um dos privilégios brancos é ter uma vida sem transtornos. A música foi a forma que o arrebatou.

Sobre a música negra, teríamos muito o que pensar: seu som libertário, seu possível poder de cura, a maneira com que aponta para um outro estado do ser, fora da rotina cotidiana, seu pressuposto de que seus artistas são admiráveis. Precisamos, nós brancos, tomar consciência de nossa relação com essa música hoje presente até na Coreia.

* Charles L. Black Jr., "My World with Louis Armstrong". *The Yale Law Journal*. v. 95, n. 8, pp. 1595-1600, 1986. Tradução própria. Disponível em: <moglen.law.columbia.edu/persp/black-armstrong.pdf>. Acesso em: 16 fev. 2023.

** Susan L. González, "In Memoriam: Charles L. Black, Jr". *Yale Law Report*, v. 48, n. 2, verão, 2001. Tradução própria. Disponível em: <law.yale.edu/yls-today/news/memorial-service-prof-charles-black-sunday-january-27>. Acesso em: 29 nov. 2022.

Outro ancestral, que Sueli Carneiro cita,* é o Fábio Konder Comparato, mais um jurista conhecedor de seu país. Vou repetir parte da citação que Sueli fez:

> Eu sou descendente do maior proprietário de escravizados do Império brasileiro, o conde Joaquim José de Sousa Breves. Tive que entender, e só entendi isso muito tarde, que esta realidade, ou seja, a culpa por isso, se transmite aos descendentes, não é propriamente uma culpa penal, mas é uma herança de um débito social.**

Fábio Konder Comparato assumiu esse débito, conforme contou, pois a alternativa era pior: encarar o desprestígio — essa é a palavra que ele usa — decorrente do que chama de "a velha mentalidade escravista".

A branquitude, no seu sentido mais corriqueiro de um sistema de pensamento e privilégio brancos, sacrifica o prestígio para ganhar vantagem. A comunicação pode acontecer em meio a uma conversa ou por meio de um livro ou de um filme. Tudo o que nos atinge em nossa imaginação emocional comunica algo. Se a perspectiva de perder os privilégios desanima os brancos, é porque perdemos a noção do coração emocional das histórias que nos envolvem. Ou seja, nossa desumanização é evidente.

Tiago Rogero
A branquitude acadêmica pode ser suficientemente antirracista para romper com os seus ancestrais teóricos racistas ou o antirracismo branco é simultâneo à produção de epistemicídio?

* Sueli Carneiro, "Alianças possíveis e impossíveis entre brancos e negros para equidade racial". Ver p. 61.

** Fábio Konder Comparato, Entrevista, *Portal Geledés*, 10 out. 2009. Disponível em: <www.geledes.org.br/entrevista-com-fabio-konder-comparato>. Acesso em: 25 nov. 2022.

Liv Sovik

A academia é opressora, sobretudo para a nova onda de alunos negros. Mas é um lugar em que se começa a pensar sobre epistemologias não eurocêntricas. Os negros que ficam e resistem são heroicos. Acho que o consenso interno ainda é racista, mas acho que há certa abertura.

Quanto ao que se ensina, a bibliografia me parece muito restrita, em mais de uma forma. É restrita pelo fato de ter sido produzida por homens, brancos e, em geral, do hemisfério norte. Porém, na minha área, há mais autores brasileiros que existia décadas atrás.

Nessa luta, como será o avanço ou a vitória? Vitórias finais nunca existem, mas me parece que estão acontecendo avanços, sob pressão, sob reinvindicação, sob também uma percepção, de parte dos professores — que nem estavam a favor das cotas, necessariamente —, da qualidade dos estudantes que estão entrando. Portanto, não desisto. Acho que é um dos lugares mais interessantes de se estar no momento — que está ao meu alcance. Espero que isso responda: ainda não estou jogando a toalha. Por favor, não joguem.

Tiago Rogero

Essa questão da pesquisa historiográfica de feitos de pessoas negras é algo que norteia o meu trabalho de uns anos para cá. Sobre isso, nesse fim de semana, eu estava participando de uma roda de conversa e me perguntaram o quanto isso é dificultado pelo fato de que há pouca documentação. Há muitos motivos para que haja pouca documentação e eu respondi que prefiro ver pelo lado positivo de que, graças às políticas de ação afirmativa, nós temos, de quinze anos para cá, uma produção historiográfica de teses e dissertações muito rica sobre pessoas negras, sobre seus feitos. A academia brasileira, de forma geral, embora ainda seja muito branca, já está vendo um efeito grande da sua ocupação por pessoas negras, mas, obviamente, sempre pode melhorar.

Professora, sobre o seu livro *Aqui ninguém é branco*, há um trecho em que você escreve: "Mesmo que o mito da democracia racial esteja desmascarado, sua tese central — da mistura genética da população como base de uma convivência nacional pacífica — não foi substituída por outra que leve em conta as hierarquias raciais".* E, depois, você escreve sobre como o ideal da mestiçagem acaba sendo uma forma de manutenção de todos os privilégios da branquitude. A minha pergunta para você é: de que forma esse discurso da mestiçagem esconde a existência de brancos no Brasil e naturaliza essas nossas relações sociais racistas?

Liv Sovik

Desde que escrevi *Aqui ninguém é branco* me parece que há mais brancos se declarando como tais, fruto do processo de discussão das cotas nas universidades, mas ainda existe essa ideia de que o branco brasileiro não é exatamente branco, afinal, ele foi criado em meio à cultura negra, tem parentes que são negros. Isso faz com que o discurso da negritude meio que fique proibido.

Se todo mundo é misturado, inclusive os brancos, que voz é essa que diz "Nós somos negros"? Afinal, não é todo mundo misturado? Isso é uma espécie de ponto intermediário. Eu vi que Joyce Lopes fala que os mestiços têm opções de identificações, mas esse grande território intermediário é um território da dúvida, da forçosa inação; uma ideia de que é melhor mesmo todo mundo se misturar, pois vamos negar as diferenças e, negando as diferenças, negar a hierarquização e o racismo. Eu

* Liv Sovik, *Aqui ninguém é branco*. Rio de Janeiro: Aeroplano, 2009, p. 14.

acho que funciona assim. As coisas estão mudando, mas funcionam assim.

Tiago Rogero

No *Aqui ninguém é branco*, você cita que, no momento em que o Brasil discutia a adoção de políticas de ação afirmativa — um momento em que o Brasil finalmente admitiu: "Somos um país racista que não oferece oportunidades iguais aos nossos estudantes" —, um trecho do mais famoso discurso de Martin Luther King, o "I Have a Dream",* foi usado por uma revista de grande circulação para dizer que o Brasil está indo, na verdade, na contramão daquilo,** fazendo o oposto do que o dr. King pregava.

Então, a minha pergunta é a seguinte: como você encara essa reutilização, essa tentativa de ressignificação do que dizia o dr. King, por pessoas, por grupos, por instituições que estão exatamente na outra ponta do que ele pregava?

Liv Sovik

Dizia-se que esse já era o caso brasileiro, o sonho do Martin Luther King já tinha sido realizado. Agora, o Martin Luther

* O discurso foi proferido por Martin Luther King Jr. em 28 de agosto de 1963, após a Marcha de Washington por Empregos e Liberdade, que reuniu cerca de 200 mil pessoas exigindo igualdade racial e que se tornou um marco na luta do movimento por direitos civis. O discurso traduzido na íntegra está disponível em: <www.geledes.org.br/qeu-tenho-um-sonho>. Acesso em: 29 nov. 2022.

** No livro *Aqui ninguém é branco*, Liv Sovik menciona que a imagem de Martin Luther King Jr., em seu discurso após a Marcha de Washington, é bastante usada na imprensa brasileira e que até foi utilizada no abaixo-assinado contra a Lei de Cotas e o Estatuto da Igualdade Racial. Esse abaixo-assinado, de 30 de maio de 2006, ficou conhecido como *Manifesto contra as cotas*, e foi entregue ao Congresso Nacional. O texto traz o seguinte trecho: "Nosso sonho é o de Martin Luther King, que lutou para viver numa nação onde as pessoas não seriam avaliadas pela cor de sua pele, mas pela força de seu caráter". O texto está disponível em: <www1.folha.uol.com.br/folha/educacao/ult305u18773.shtml>. Acesso em: 29 nov. 2022.

King tem uma imagem muito filtrada aqui. Acho que há muita distância, pouca tradução.

Tiago Rogero

Voltando a falar sobre o papel, dentro dessa gama enorme que é a comunicação, da imprensa e dos veículos de mídia. Há um problema crônico e clássico da imprensa brasileira com raça. Um problema motivado, por exemplo, pela ausência de profissionais negros nas redações, especialmente em cargos de chefia. No fim do ano passado, pude passar quase dois meses em diferentes redações nos Estados Unidos, quando estava fazendo uma *fellowship*. O meu foco era procurar uma figura que descobri que existia nos Estados Unidos, mas que no Brasil praticamente não há, que é a do repórter especializado em cobrir gênero e raça. Aqui no Brasil, temos veículos especializados nisso, mas, dentro das grandes redações, não temos profissionais especializados.

Isso acabou gerando uma dúvida, pois uma das dificuldades que esses repórteres comentaram comigo é que eles acabam sendo as únicas pessoas dentro dessas redações a se preocuparem com isso, quando, na verdade, essa deveria ser uma preocupação na redação como um todo, senão todo mundo diz: "Lavo as minhas mãos"; "Não preciso me preocupar"; "Sou um repórter branco de economia, não preciso me preocupar com isso, vou passar para o repórter que cobre raça e gênero".

Conversando sobre a imprensa, eu queria saber se você tem uma ideia do que seria um modelo interessante. Para além dessa evidente necessidade que a imprensa brasileira tem de contratação de mais profissionais negros, qual seria o melhor modelo para que um veículo de mídia possa de fato ser antirracista?

Liv Sovik
É uma pergunta difícil para mim porque não trabalho em redações, mas acho que um dos motivos do aumento dos discursos racistas, que observamos nos últimos anos no Brasil e nos Estados Unidos, tem a ver com uma espécie de delegação da notícia a todo mundo.

Somos todos minirrepórteres, miniexclamadores sobre as notícias. Isso permitiu e destampou o racismo sobre o qual a grande mídia era mais ambivalente no seu controle. Eu acrescentaria outro problema: essas redações não são o gargalo pelo qual as notícias passam. As notícias passam de outra maneira agora, e essa passagem nas redes sociais é uma passagem de portas abertas para discursos muito violentos, das autoridades e dos cidadãos comuns.

Tiago Rogero
Por que você escolheu como título do livro *Aqui ninguém é branco*?

Liv Sovik
É um pouco irônico. Porque eu percebia que não estava desacompanhada. Eu morava na Bahia quando ouvi essa frase de uma pós-graduanda em uma sala de aula em que eu abri uma discussão sobre todo mundo estar se filiando à cultura afro-baiana, que é dominante. Então, perguntei: como é ser um branco baiano? A pessoa virou para mim e falou: "Mas aqui ninguém é branco", como quem diz "só você". Eu achei que, nessa época — escrevi o livro de 2000 a 2008 —, era uma constatação.

As pessoas se negavam a ser brancas, elas diziam: "Ah, não, minha avó era negra". Tinha muito essa história e não é tão longe do passado. Como isso se dá? Era essa pergunta que eu queria responder com o livro.

Tiago Rogero
Eu queria que você relacionasse outros exemplos de formas efetivas de antirracismo na comunicação, como uma recomendação para quem, porventura, não os conheça.

Liv Sovik
A literatura é uma fonte incrível de discussões antirracistas. Tem muitos blogs. Estou sempre pensando a partir do lugar de ser branca. Não é meu lugar pensar o que é a necessidade de consumo cultural da população negra. A partir da branquitude, eu diria que tem muito material na internet. Se você começa a ter vontade de conhecer, tem muita informação, muitos relatos, muitos filmes, muitas coisas que vão mostrar, de um lado, a realidade dura da violência e, de outro, a capacidade incrível que a população negra brasileira tem de produzir beleza. Eu acho que essas são as nossas fontes de pensamento. O antirracismo não é uma nova ideologia na qual você se coloca, ele é um novo acesso à realidade.

Se você não veste essa camisa — estou voltando a uma linguagem de ideologia —, se você não começa a se desfazer com força das amarras da canalização do olhar brancocêntrico, você realmente não tem acesso ao mundo em que estamos vivendo. Não faltam recursos. Falta, às vezes, curiosidade.

Tiago Rogero
Atualmente, quais você acredita que sejam os principais escudeiros da branquitude, que previnem e protegem pessoas brancas de despertarem para o racismo e para o antirracismo? Por que ainda há pessoas que insistem em não despertar para o racismo e o antirracismo? Em que elas se apoiam? O que dá base para isso?

Liv Sovik

O Júlio Tavares, que é professor na Universidade Federal Fluminense (UFF), fala da blindagem cognitiva,* de como há uma lógica que é praticamente automática, todo um raciocínio racista que não é questionado.

Tem um trabalho a ser feito, não com argumentos, mas de ampliação da ideia, de formas de pensar. Nós precisamos multiplicar as formas de pensar sobre o que existe.

Eu tenho um pensamento, o último, o derradeiro, que é sobre o estereótipo. Eu acho que o estereótipo se prolifera, se fortalece. Por isso, vale a pena lembrar a definição de estereótipo como repetição ansiosa do que se deseja que seja verdade. Essa definição é de Homi Bhabha. Ela ajuda a entender o espaço no qual entram histórias e narrativas que valorizam pessoas, que não desumanizam, que não categorizam, que preenchem um vazio na imaginação. Temos que entender que o estereótipo não é um desvio de imaginação, é um vazio de possibilidade, um encobrimento da possibilidade de imaginar o outro, de entender, de ouvir, de ver.

* Júlio Tavares, "Colonialidade do poder, cooperação internacional e racismo cognitivo: desafios ao desenvolvimento internacional compartilhado". In: Jacques D'Adesky e Marcos Teixeira de Souza, *Afro-Brasil: debates e pensamentos*. Rio de Janeiro: Cassará, 2015, pp. 312-39.

O que podem os indivíduos diante da estrutura?

JUREMA WERNECK, THULA PIRES E BIANCA SANTANA

É possível afirmar que, no Brasil, as desigualdades raciais são o maior legado dos regimes escravocratas. A população negra tem menos oportunidades que a população branca em todos os campos da sociedade. Assim, podemos caracterizar esse fenômeno como estrutural e estruturante das dinâmicas sociais. Diante desse cenário, a pergunta que organiza esse encontro é: o que podem os indivíduos frente ao racismo? O que podemos fazer para desarticular essas lógicas?

Bianca Santana
Jurema e Thula, as desigualdades raciais no Brasil se explicitam na falta de oportunidades e recursos para pessoas negras na educação, no mundo do trabalho, na política, quando comparadas à vivência da população branca. Diante dessa máquina de gerar desigualdades, de que forma cada uma e cada um de nós pode agir para desmantelá-la? Quais os limites e as possibilidades diante dessa estrutura social?

Jurema Werneck
É um privilégio estarmos nesse debate sob a chave do questio-

namento da branquitude. Lembrando que branquitude é um sistema que dá corpo e que movimenta esse outro sistema, essa outra estrutura, chamada racismo.

Branquitude e racismo estrutural são pedaços da mesma engrenagem. Branquitude não é ter pele clara. É se beneficiar do conjunto de violências, exclusões e aniquilamentos que produzem privilégio. O outro nome da branquitude é privilégio, um privilégio cruel, violento e que aniquila. Dessa forma, é importante discutir sob essa chave no século 21. Demorou, mas chegou esse momento! A negritude vem sendo discutida há muito tempo e, quando falamos dela, nós finalmente inauguramos a branquitude e o que de pior tem esse termo.

Bianca, você me fez várias perguntas, mas o principal está centrado em: "O que pode o indivíduo diante da estrutura?". Primeiro, pode denunciar a estrutura, romper com ela, se insurgir contra ela. Quando falamos de racismo estrutural, estamos falando de processos, culturas, imaginários e instituições (Estado, família, formas de agir, pensar e conduzir o destino de si e dos outros ou de expropriar o destino de si e dos outros). É isso que estamos chamando de estrutura. O que pode o indivíduo em relação a essa máquina de moer gente? Pular fora dela, largar a mão da manivela.

Estamos falando do indivíduo que está movendo a manivela de aniquilamento, exclusão e destruição chamada racismo. Na perspectiva do ativismo, ele primeiro deve tirar a lente polarizada de claros e escuros, em que o escuro carrega tudo de ruim, inclusive naqueles enunciados biográficos que todo mundo traz: "nasceu na favela", "é pobre". Os enunciados dos negros são sempre das desgraças. Ninguém vai falar "é bailarina". Essas coisas quase não aparecem. Os negros são carregados por esses enunciados ruins, e os brancos, pelos bons. O branco é o artista, dono da empresa... Temos que romper, tirar essa lente e sair desse lugar.

É doloroso sair dessas identidades das desgraças. Nós saímos delas carregando as desgraças, porque elas não desaparecem. Carregamos essas desgraças e, a partir delas, dizemos: "Eu não sou só isso. Eu não sou só ferida. Eu não sou só cicatriz". Mas as feridas são reais. Nós as carregamos na direção de uma humanidade mais completa e complexa. Somos humanas, somos humanos e temos de ser definidos por mais.

Somos aqueles que estão feridos, mas somos também aqueles que lutam, que estão driblando as forças da morte. Estamos sendo pegos por elas muitas vezes, não só morrendo, mas também perdendo. Quem não morre, perde. Estamos lidando com ela, mas estamos juntos com essa carga pesada — para usar um termo de uma conversa que eu estava tendo com Sueli Carneiro, esse "carrego" todo. Construímos e tentamos construir outras coisas: humanidade, alegria, festa, felicidade, luta, outros cenários e horizontes. É isso que fazemos.

Portanto, o indivíduo do lado da branquitude pode fazer a mesma coisa. Primeiro, mergulhar nessa cicatriz, porque ser branco, dentro da chave da branquitude, não é bom. É ter atribuído sobre si, como indivíduo, a carga de ser portador e portadora de privilégios de aniquilamento. Isso não é para celebrar. É necessário mergulhar da mesma forma nessa dor e carregar essa marca, essa cicatriz. É preciso levá-la mais adiante e sabendo: se dói no branco, dói muito nos negros, porque estamos carregando a força da morte.

É preciso se insurgir em relação à estrutura. Olhar para ela, que é ideologia, que é processo, que é cultura, que é imaginário, que é morte diante dos seus olhos, e enxergar o que está ali: racismo. A estrutura é racista. Tem que olhar para isso, enxergar racismo em tudo e se insurgir contra ele. É preciso se perguntar, se questionar e enxergar o que de ruim existe neste mundo. Um estudo que saiu mês passado em uma revista médica estaduni-

dense mostrou a condição de vida e de morte de bebês negros.*
O que se viu, nos Estados Unidos, foi que bebês negros tratados por médicas e médicos negros têm mais chance de viver; do mesmo jeito que os tratados por médicas e médicos brancos têm altas taxas de morte.

O indivíduo tem que mergulhar nessa lama, nessa dor de ficar em qualquer um dos polos, sentindo a dor do que é, e superá-la a partir daí. Para superar, tem gente que faz terapia. Eu recomendo, pode ajudar, mas não é suficiente. Tem que fazer mais, tem que fazer luta, tem que fazer movimento, tem que fazer com que a insurgência se realize, rompendo com a regra da morte a cada segundo. O nome disso é luta. É olhar para essa cultura, ver o que tem nela de errado e destituí-la, tirar cada peça dela e dizer: "Eu não quero isso". Tem que olhar para as instituições e ver como elas contribuem para operacionalizar a injustiça. Qual é o lugar do Estado? Qual é o lugar da religião? Qual é o lugar da família? Do seu Estado, da sua religião e da sua família, porque é do indivíduo que falo. Mas estou falando também do coletivo, porque qualquer ativista — e sou ativista velha, desde os meus oito anos — sabe que não se faz luta sozinho. Ninguém transforma sozinho, ninguém altera cultura sozinho, ninguém inova a vida sozinho, ninguém faz diferente sozinho. É preciso entrar na luta, encontrar seu coletivo — na verdade seus coletivos, porque são muitos — e se engajar nele. Sempre com essa metodologia: enxergar racismo em tudo, enxergar onde esse coletivo e essa luta podem colocar uma cunha para fazer aquele pedaço desmoronar e, se aquele pedaço se refaz, você o reposiciona para fazer outra coisa. É luta, não tem saída.

* Brad Greenwood et al., "Physician-patient Racial Concordance and Disparities in Birthing Mortality for Newborns". *Proceedings of the National Academy of Sciences of the United States of America*, Washington, DC, v. 117, n. 35, pp. 21194-200, 2020.

Já dizia o samba-enredo da Mangueira: "Na luta é que a gente se encontra". Aí é que a branquitude encontra a negritude, construindo outros sentidos para negros e para brancos. Porque fora da luta é morte e aniquilamento, mas na luta a gente se encontra.

É preciso lembrar que essa luta tem protagonismo. Nossos passos vêm de longe. Portanto, a branquitude tem que pisar devagarinho, porque senão a coisa desanda, dá errado. É preciso olhar para essa dimensão da negritude de outro jeito, reconhecendo o nosso protagonismo. Só estamos, neste momento, discutindo branquitude, porque falamos do racismo e de negritude antes. Nossos passos não vêm de longe do século 20, nem do 19, nem do 18, vêm do continente africano, em que nós confrontamos aquelas invasões, aquelas guerras sem sentido e aquele sequestro de corpos, de culturas, de vidas e de almas. Tivemos que encarar aquilo tudo e confrontar.

Temos uma longa trajetória de luta. Ela tem sido bem-sucedida? Sim e não. A morte continua vencendo, mas a luta permanece. Sendo assim, esse é o sim do não ou o não do sim, mas a gente continua.

O indivíduo precisa se responsabilizar, não tem saída. Na Anistia Internacional, nós dizemos que levamos a injustiça para o lado pessoal. O racismo tem que ser pessoal, um problema pessoal que arrasta outras pessoas, criando coletivos afetados pelo racismo e de gente que diz: "Eu não me junto a isso, eu — como diz Sueli Carneiro — não aceito mais, eu não assino esse contrato, rasgo esse contrato, rompo com ele e vou fazer outra coisa, vou fazer com os irmãos e as irmãs que já estão lutando". Vai ser bom e vai ser ruim também. Mexer nessa coisa chamada racismo é horrível.

Eu volto às mortes de bebês por médicos e médicas que juraram salvar vidas. Todo mundo procura a medicina para resolver a dor, para resolver o sofrimento e para tentar disputar, inclusive, com a morte. Mas o racismo é tão forte que aquele pressuposto que move a medicina é rompido no caso de bebês negros. Isso contraria até o instinto do animal que somos, de salvar bebês de qualquer maneira, porque salvar bebês é salvar a humanidade que precisa existir. Esse é o tamanho do racismo.

Thula Pires

Quando você fica com a atenção voltada a ter responsabilidade política com uma trajetória, isso te reposiciona. Não como interdito, mas a partir dessa ideia do pisar manso nessa dança que precisa ser feita e, ao mesmo tempo, entender que há o que ser feito. Se você está podendo pisar manso agora, é porque você deve alguma coisa a esse movimento.

Vou levar a questão para o meu campo profissional de atuação, pensando um pouco nessas responsabilidades. O que podem os operadores do direito ou as pessoas que estão implicadas na movimentação do sistema de injustiça do Brasil, com lugares muito privilegiados no acionamento dessa máquina de moer gente? Esses indivíduos também costumam ser muito pouco lembrados nas nossas críticas, nas nossas denúncias sobre esse Estado de distribuição de poder, que é não só desproporcional e absolutamente desigual, mas também produtor de privilégios e de morte.

Parece que o Judiciário é menos político que o Executivo e o Legislativo, então costumamos apontar o dedo com um pouco mais de tranquilidade e conforto para ele em relação às nossas mortes. O Judiciário ainda tem uma espécie de aura de neutralidade, de imparcialidade, de tecnicismo, que escuda muito os operadores do direito da responsabilidade política que têm. Por sua vez, o racismo produz um tipo de incapacidade de as pessoas assumirem as suas responsabilidades com os seus privilégios. São pessoas mimadas, incapazes de assumir a responsabilidade política daquilo que produzem e reproduzem por meio das suas canetas Montblanc — estou usando uma Montblanc de propósito, não só porque ela é cara, mas porque acho que o seu nome é interessante para nós.

Falo do sistema de Justiça de forma mais ampla. Não vou falar de sistema de Justiça criminal, porque nele falamos mais abertamente sobre a atuação dos órgãos da Magistratura, do Ministério Público, inclusive das Defensorias Públicas e advocacias públicas e privadas nessa engrenagem de produção de morte.

Na área de política criminal, podemos sustentar que o gatilho só pode ser acionado por um policial, mas há canetas Montblanc que pavimentam e chancelam publicamente a possibilidade de isso acontecer; também há canetas Montblanc que ratificam a atuação do sucateamento, da inviabilidade do sistema de saúde pública, que também é orquestrado, operado e reproduzido pelos órgãos do sistema de Justiça e pelos operadores do direito. Estou falando de operadores no masculino mesmo, e às claras, porque é essa representação que o sistema de Justiça tem e é a partir desse lugar que é possível classificar como condutas de menor gravidade ou desqualificar condutas que são passíveis de serem responsabilizadas juridicamente e são tomadas diariamente.

A capacidade de mobilizar todo o sistema jurídico de forma com que ele sempre seja cúmplice da nossa morte é ilimitada. Independentemente da nossa atuação na tradução da demanda política em norma jurídica, independentemente do quanto sejamos capazes de incidir, neste momento e neste processo, a capacidade que esses operadores terão de mobilizar todo esse repertório, a produção de privilégios para brancos e de violência para negros é sem limite, é desavergonhada. Dessa forma, o que podem os indivíduos? Exatamente o que Jurema falou: rasgar esse contrato. Isso significa fazer algo que nós aprendemos com Lélia Gonzalez, que nos diz que: “O lixo vai falar, e numa boa".* Tem uma segunda parte: não é só "O lixo vai falar, e numa boa, fala aí", é "O lixo vai falar, e numa boa, assumindo todos os riscos e implicações que isso gera".

O que os operadores precisam fazer é assumir os riscos e as implicações que advêm de sua atuação. Isso serve tanto para a reprodução de um estado de coisas, ancorada na reprodução de hierarquizações de humanidades, quanto para a atuação em sentido contrário. Mas, se o direito está todo inscrito nesse sistema que é arraigado, construído e pensado — e toda a racionalidade jurídica é pensada como mecanismo de reprodução de hierarquizações, isso é o que eu mais tenho falado nos últimos tempos —, o que a gente pode fazer?

Aqui temos um ponto central, que caracteriza a incomensurabilidade ou o princípio da exclusão recíproca entre zona do ser e zona do não ser,** para usarmos Fanon e falar difícil.

Essa pergunta sobre o que fazer sequer faz sentido da perspectiva de projetar imobilismo para quem está na zona do não ser. Independentemente do quanto a gente possa produzir essas normas, haverá uma mobilização de sentido para que esses enunciados sejam tratados do ponto de vista exclusivamente formal — as liberdades e as igualdades são tratadas do ponto de vista exclusivamente formal. E, ao mesmo tempo que são mobilizadas para a produção de morte, a partir do momento que sou confrontada com esse cenário e alguém me diz: "O que você faz diante disso?", assumindo que não sou só o que essa gente vê de mim, não tenho outra coisa a fazer a não ser sair do imobilismo. Até porque não estamos lutando por nada mais do que vida e liberdade. Não tem

* Lélia Gonzalez, "Racismo e sexismo na cultura brasileira". IV Encontro Anual da Associação Brasileira de Pós-Graduação e Pesquisa nas Ciências Sociais, Rio de Janeiro, 31 out. 1980. Disponível em: <circuito.ubueditora.com.br/racismo-e-sexismo>. Acesso em: 30 nov. 2022.

** Frantz Fanon, *Pele negra, máscaras brancas*. Salvador: Edufba, 2008.

nada mais humano que isso. Não há nada mais genuíno que isso. Não há nada que oponha limites a esse tipo de luta.

Quando você entende que se trata de luta por sobrevivência, o imobilismo, a paralisia e a sensação de impotência são inviáveis. Você não se sente impotente diante da defesa da sua sobrevivência. Você pode não saber a melhor maneira de garantir a sua sobrevivência; você pode não saber qual seria o caminho mais estratégico do ponto de vista crítico; você pode se aperceber com insuficiências materiais diante da preservação da própria sobrevivência, mas é inviável você se sentir impotente, paralisado diante de uma ameaça à sua sobrevivência. É incompatível atribuir essa conotação quando a pergunta é feita para a zona do não ser. Porque o que essa denúncia nos oferece é a possibilidade de entrar nesse lugar e, a partir daí, olhar o direito ou qualquer outra área e se botar para jogo.

Isso gera impotência, imobilismo e incapacidade para o branco porque ele não está botando na roda de negociação a própria sobrevivência. O que ele está botando para jogo é a perda da exclusividade no clubinho da humanidade. Aí ele pode se dar ao luxo de dizer: "Isso me paralisa"; "Como lido com isso?", "Como lido com a realidade em que o clube da humanidade não é mais um atributo exclusivo?", "Será que, não sendo exclusivo, essas pessoas que hoje sustentam, na base da violência, esse meu acesso à liberdade e à vida vão se voltar contra mim?". Meu amor, aí é um problema que você vai ter de resolver.

O que estamos dizendo é: estamos lutando por vida e liberdade, por um modelo de organização do mundo onde não haja mais escravizados. No mundo onde não há escravizados, não há senhores. O branco precisa sair do solipsismo que a branquitude o encapsula, exatamente para perceber que há diferenças significativas nos pressupostos que nos põem em luta, sob pena de continuarmos não falando a mesma coisa. É por isso que os brancos são incapazes de ver racismo em tudo. Há sempre aquela tentativa: "Mas veja bem, não é bem assim, não generaliza"; ou "A gente não faz isso porque a gente quer". E eu estou adorando? Eu estou fazendo porque eu quero? Tenho que lidar com a realidade das mulheres negras no Brasil porque eu quero?

De que serve a intencionalidade para nós? Qual é o valor dela para o estado de coisas que temos de lutar, debater, responder? No nosso ponto de vista, não dá tempo de dizer "Veja bem...". Nós estamos falando de vida, de liberdade, de emergências, de urgências. Não dá tempo para essa gracinha, não!

A intencionalidade pouco importa, porque estamos lidando com um resultado muito concreto. Precisamos dar respostas. São famílias descontinuadas, são desterritorializações permanentes e seculares, são interrupções, são inviabilidades que precisamos responder. Sinto muito se você não teve a intenção. Agora, se não vai fazer nada com isso, você está operando no mesmo sentido. E aí, desculpa, isso me atrapalha...

É importante ampliarmos esse tipo de discussão para que possamos produzir respostas, cada um e cada uma do seu lugar. Sou capaz de entender que esse tipo de denúncia ou de retrato produza essa sensação de imobilismo, de impotência, em corpos que estão acostumados a viver a sua liberdade, o seu exercício da vida, como atributo exclusivo que se sustenta na violência do outro. Isso porque o desenho me faz ter essa percepção. Agora, não dá para inverter para nós, negros, a responsabilidade de dizer como é que vocês brancos saem do imobilismo, simplesmente porque eu não consigo raciocinar a partir desse lugar, não estou nesse lugar, não consigo me projetar nesse lugar. Sabe aquelas coisas que vocês brancos vivem nos dizendo quando entendem que o racismo é estrutural, como, por exemplo, "eu nunca vou ser capaz de entender, de sentir o que sente o negro no Brasil"? É a mesma coisa! Por mais que nós tenhamos sido letrados em uma racionalidade branca, porque todas as nossas instituições de letramento, de alguma forma, só reproduzem esse modo de percepção acerca da realidade, nós somos incapazes. Mesmo tendo acesso a esse repertório conceitual que vocês têm, somos incapazes de entender o mundo desse lugar, porque não vivemos o mundo desse lugar. Nós efetivamente não sabemos como vocês saem da imobilidade. O que sabemos é o que não vamos mais fazer, e que o fato de termos conseguido estar hoje em um número um pouquinho maior de espaços vai fazer com que esse constrangimento passe a ser o ponto de partida das nossas relações. Não vai dar para reproduzir esse lugar do imobilismo com o conforto que vocês fizeram até hoje, exatamente porque nós já chegamos até aqui e, se chegamos até aqui, é preciso ter um negócio para deixar. Tem uma filha minha, Dandara, me cobrando um mundo. Ela já entendeu várias coisas. Eu tenho um compromisso. Eu não posso chegar para ela e dizer: "Filha, calma! É difícil para eles. Eles estão tentando. Filha, calma". Ela já é fruto de uma outra produção, de um outro momento. Ela inclusive já me exige uma postura distinta. Do mesmo jeito que ser fruto da geração de Jurema Werneck, de Sueli Carneiro e de Lúcia Xavier faz com que a gente exija delas coisas que elas também passam a nos responder de outra forma. Porque só podemos exigir diferente, porque elas produziram possibilidades materiais e concretas para nós distintas das que elas tiveram que assumir. E nós vamos seguindo, é assim que vai ser. Pelo menos do ponto de vista do constrangimento, vamos seguir, vamos avançar.

A pergunta não é mais "O que pode?", a pergunta é: "Naquilo que é possível, o que pode gerar um efeito que se consolide no tempo, um efeito de longo prazo, de transformações que sejam estruturais?"; "Naquilo que pode ser feito, o que é capaz de deixar menos gente para trás?"; "Naquilo que os indivíduos são obrigados a fazer, há algum compromisso com a afirmação plena de humanidade para qualquer ser humano?"; "Quais ações, práticas e incidências podem transformar esse mundo sem gradação, radicalmente, produzindo uma outra realidade?".

Bianca Santana
Jurema, a branquitude pode sair do transe colonial sem produzir extrativismo epistêmico e epistemicídio contra povos pretos e indígenas?

Jurema Werneck
Não tem como a branquitude sair do lugar deixando para trás o carrego todo que traz. Não faz sentido, porque é próprio da definição de branquitude esse carrego: epistemicídio e todo o resto, tudo faz parte. O conceito de branquitude tem tudo isso dentro de si e mais um pouquinho. Romper com o racismo, com o colonialismo, com o epistemicídio e com todas as desgraças que o racismo produz é romper com tudo. Não dá para fazer um antirracismo meia-boca. Como disse Thula, romper é radical, profundo, inescapável, é um chamamento ético. A ética é imperativo: ou você segue esse chamado ou não tem como. A transformação que falamos, a ruptura ideológica, estrutural, sistêmica, ou qualquer que seja o nome que queiramos dar, é radical. É preciso fazer outra coisa, ser de outro jeito, estar no mundo de outro jeito. É preciso, de certa forma, que seja outro mundo, porque esse mundo tem que acabar. Esse mundo destrói tanta gente, a maioria, produz morte toda hora.

Operação policial na Maré no dia 27 de outubro de 2020:* tiro na barriga de uma grávida de vinte anos, o bebê morreu.

* Em 27 de outubro de 2020, a Polícia Civil realizou uma operação na região do complexo da Maré, na Zona Norte do Rio de Janeiro, na qual uma jovem de 20 anos, grávida de cinco meses, foi baleada. Disponível em: <noticias.uol.com.br/cotidiano/ultimas-noticias/2020/10/28/gravida-e-baleada-em-operacao-no-complexo-da-mare-e-esta-em-estado-grave.htm>. Acesso em: 30 nov. 2022.

E é dito assim. Vemos isso no jornal da hora do almoço. Antes dessa jovem, outra pessoa foi morta, e também outra foi morta, e também outra... É muita gente, muita morte, muita desgraça. Não tenho outras palavras para falar. Nós podemos falar epistemicídio, colonialismo, ou podemos falar desgraça, indigência moral e ética. Podemos falar muitos termos, mas é tudo muito ruim, e é preciso romper com tudo, é preciso criar outro mundo.

A boa notícia é que é factível. A experiência negra e a experiência negra na diáspora mostram que outros mundos são criados. O mundo de onde a gente foi arrancado foi destruído, mas nós construímos outros. Mesmo cercados de tragédias, construímos mundos que derrubaram o regime da escravidão. Conseguimos viver mais que sete anos, inventar para nós o nosso nome, porque eu continuo tendo o sobrenome Werneck, mas certamente eu não sou Werneck. Eu sei que tenho outro nome, sei que sou outra coisa. Conseguimos construir em mim um outro sujeito fora do olhar da branquitude, o sujeito que sou à vera, o sujeito que sou real, criado pelo espelho de quem veio antes de mim e de quem está junto comigo nesse mundo, imaginando aquelas e aqueles que virão depois de mim. É esse o sujeito que sou. Isso é criar outro mundo.

As jovens, principalmente as artistas, têm construído um conceito chamado afrofuturismo,* que é um reconhecimento de que outros mundos serão criados, estão sendo criados e podem ser criados. Você pode chamar de afrofuturismo, pode chamar de ruptura ideológica, pode chamar do que quer que

* Afrofuturismo é um movimento estético, social e cultural que vislumbra um futuro que alia ancestralidade africana e tecnologia a partir das perspectivas e das vivências das pessoas negras. Essa estética está presente na obra de diversos artistas, como na ficção científica da escritora Octavia Butler, nos quadrinhos e no filme *Pantera negra* e nas obras audiovisuais da cantora Beyoncé.

seja, mas é preciso que esse mundo acabe e acabe a todo momento a partir de sempre... De agora, e agora, e agora e agora.

Bianca Santana
Suas respostas mobilizam muitas camadas da existência. Além de uma provocação racional vibrante, tem algo que mexe no corpo, que mexe em outros corpos. É algo fortíssimo. É roda, gira mesmo, xirê. Agradeço muito a vocês por isso.

Thula, você nos falou como os operadores do direito que têm essa Montblanc na mão têm um papel e precisam se responsabilizar por aquilo que é possível fazer com essa caneta. Mas há também limite para essa atuação? Porque essas categorias jurídicas, essas categorias do direito, foram criadas para os brancos pelos brancos. Existe a possibilidade de mudarmos as próprias categorias?

Thula Pires
É importante separar a pergunta sobre os limites da pergunta sobre possibilidades, porque, para nós, falar sobre possibilidades significa uma coisa muito concreta. Do mesmo jeito que, por exemplo, qualquer debate sobre mestiçagem no Brasil já comunica de antemão alguns valores e posicionamentos, as discussões relativas às possibilidades de uso do direito para emancipação já estão muito pautadas por algumas questões, como a necessidade de blindar o próprio colonialismo jurídico da perspectiva de esgarçarmos tudo que ele é capaz de fazer. Ou seja, toda vez que fazemos alguma crítica mais estrutural do direito, não conseguimos nem avançar na crítica, nem nos habituarmos à ideia de colocar a cabeça para pensar a partir dessas limitações. Não dá tempo. Imediatamente vem um negócio: "Veja bem, pode ficar pior o retrocesso...". É uma defesa do retrocesso de algo que sequer foi acessado. Eu fico com dificuldade. É uma tentativa

de dizer: "Mas veja bem, não serve só para isso". Ok, mas me deixe pensar primeiro para o que está servindo, do ponto de vista dessa desgraça toda, como Jurema estava falando. Deixe que eu mergulhe nisso aqui, entenda todas as dimensões em que esse direito pode atuar na produção dessa desgraça, inclusive para que, se eu tiver que optar por algum tipo de incidência ou pensar as possibilidades desse direito, eu também possa pensar de outro lugar, porque vou pensar sobre as possibilidades a partir das limitações. Agora, pensar as possibilidades a partir de um mito, de uma promessa, de um direito moderno ocidental que nunca se constituiu? E não se constituiu não porque não conhecia outras possibilidades, não! "Mas veja bem, esse direito ocidental moderno..." — que é um pouco uma blindagem para quem quer falar sobre direitos humanos — "Você tem que ver que não dá para jogar isso fora". Pera aí, do que estamos falando mesmo? Porque esse imaginário foi escolhido em rejeição a outros, e não por ignorância da sua existência. Esse direito moderno que está aqui hoje, que organiza o nosso modelo constitucional e o nosso modelo de proteção, inclusive no campo dos direitos humanos, é signatário da Revolução Francesa e da Independência dos Estados Unidos, é uma adesão a esses projetos. Antes que alguém me chame para defender esse legado ou qualquer que seja esse projeto, vocês vão me desculpar, mas quero entender por que rejeitamos o haitiano. Porque houve uma rejeição explícita.

O Marcos Queiroz tem um trabalho belíssimo* no qual resgata os anais da Constituinte de 1823, que é quando o Brasil estava se inventando enquanto nação. Boa parte das discussões da Constituinte era exatamente para não permitir que o Bra-

* Marcos Vinícius Lustosa Queiroz, *Constitucionalismo brasileiro e o Atlântico negro: a experiência constituinte de 1823 diante da Revolução Haitiana*. Rio de Janeiro: Lumen Juris, 2018.

sil virasse o Haiti pós-revolução escrava. E como se fez isso? Mobilizando as promessas da Revolução Francesa, exatamente porque as promessas da Revolução Francesa são diretamente articuladas com a inviabilidade de um projeto de nação como o construído no Haiti. A Revolução Escrava Haitiana é fruto dessa impossibilidade, desse descumprimento que está no pressuposto desse projeto.

Não venha querer que eu use minha energia, que eu pegue o meu alguidar para ofertar alguma coisa para quem está de barriga cheia! Porque nesse tipo de repertório o que mais tem é oferta para dizer que ele é bom, para defender que o mundo não seria esse, para dizer que o problema do 5G da China... E daí para pior. Não vou nem entrar nessa baixaria, porque me interessa alimentar outra coisa!

Quando nós fizermos a discussão das possibilidades desse campo, me parece que é preciso fazer a partir daquilo que interessa. Se eu faço uma oferta para o projeto que foi rejeitado, me dedico a botar minha cabeça para funcionar e ver que projeto era esse, o que deu certo ou o que não deu, que tipo de adesão ele pode vir a ter ou não com a realidade brasileira... Aí não tem nem comparação, chega a ser uma briga estranha. Abrir mão de um projeto que tinha uma articulação muito mais direta e profunda com o tipo de problema que tínhamos no contexto brasileiro para se dedicar à ruptura com o Antigo Regime como um grande problema que tínhamos que resolver enquanto nação? O Antigo Regime não foi um problema nosso. E aí eu vou ficar vendo a potencialidade que a ruptura com o Antigo Regime pode produzir do ponto de vista da minha irmã que perdeu o filho ontem na Maré? Vocês estão de sacanagem.

Primeiro, acho que é importante começarmos a separar essas perguntas, a nos permitir ampliar a imaginação política a ponto de sermos capazes de perceber a complexidade desses limites. Não é trivial esse modelo de organização do mundo. Não é simples, não tem um modelo fácil que se organiza, que uma mudança de uma categoria ou de uma orientação processual ou jurisprudencial pode ser capaz de transformar. O negócio é sofisticado, é bem-feito e se reatualizou a partir de contextos específicos.

Precisamos nos permitir mergulhar nas limitações e entendê-las exatamente porque nós estamos aqui a despeito de tudo isso. A mim interessa mergulhar na limitação, não porque eu vá construir a grande narrativa do direito pelo olhar das oprimidas. Não é isso, não. É porque me interessa, na verdade, mergulhar nos limites. Quando você se dá conta do tamanho do limite e do tamanho da impossibilidade, você vai olhar para o lado e perguntar: "Como é que esse pessoal estava agindo politicamente e sobrevivendo a despeito de tudo isso?".

Quando você se dá conta da limitação imposta, se dá conta também do tamanho da potência que a nossa gente tem. Não olho para isso porque eu quero construir a grande narrativa das oprimidas do direito. Ao contrário, eu quero aprender, com meu pessoal, como é que elas conseguiram nos tornar possibilidade diante de tamanha limitação. E, com isso, botar minha viola no saco, olhar para o tipo de limitação que me é apresentada hoje e ver qual é o tamanho real disso. A partir do momento em que coloco as limitações em contexto, consigo ver também se eu não estou sendo a encostada, porque pode ser que elas tenham lidado com limitações piores que a minha. Se eu não estou conseguindo produzir nada em resposta, a responsabilidade do dedo vira para o outro lado. A gente bota o dedo para lá, mas o dedo volta para cá também. Foi minha mãe que me ensinou isso. A mãe preta é fundamental ("Você não faz mais que sua obrigação"). Ela vira logo, ela te ensina rapidinho a virar o negócio. Qual é a parte que eu não estou fazendo? Qual é o tamanho que eu estou dando a essas limitações? E o tamanho que eu estou dando a essas limitações serve a quem?

Tenho tentado fazer esse exercício de separar as perguntas, não para deixar de atentar às possibilidades, até porque há um imperativo da vida que vai me obrigar a dar a resposta. Jurema pode falar: "Tudo bem, mas você é do campo do direito, eu entro ou não entro com uma ação?"; "Se sim, com qual ação eu entro?"; "O que eu faço?". Agora, em um problema concreto: "Como nós resolvemos?"; "Essa pessoa está presa, essa mulher perdeu o filho. Qual resposta que você me dá?".

Eu preciso pensar em alguma forma de atuação e incidência a partir desse lugar e que não reproduza aquilo que eu critico, óbvio. Para mim, a separação dessas duas dimensões tem sido informadora, inclusive desse percurso, desse caminho, dessa forma de responder.

Bianca Santana

Pesquisas acadêmicas e atuações nas escolas com práticas pedagógicas que colocam em pauta a branquitude, reforçando a presença dos privilégios, podem ser uma contribuição de professoras e professores brancos?

Jurema Werneck

Cada um luta com o que tem. Se é lá que você pode lutar, faça. Não tem fórmula. A escola deve ser o lugar de se fazer diferente, bem como fora dela. As pesquisas e as condutas acadêmicas, o que se ensina e se aprende fora da escola: tudo isso faz parte das dimensões de luta. Se isso é uma possível contribuição de branco, a resposta é sim, como todas as outras. É preciso que cada um descubra quais ferramentas tem para lutar e as use. Se tem a pesquisa, faça. Se tem o ensino, faça. Só não pode é não fazer.

Thula Pires

Além do não pode não fazer, não pode fazer só isso. Por exemplo, enquanto investida dessa condição de educadora, eu faço, mas eu faço às custas da exploração de uma mulher negra na minha casa. Aí já temos um problema. Aí já deixou de fazer. Assim você perdeu até a possibilidade do que aquela sua atuação na sala de aula, no espaço da escola, poderia ter produzido. Porque nós formamos uns aos outros de várias maneiras. Pensar nesse processo formativo demanda de nós essa transformação radical, completa, ampla, sem gradação e sem local confortável. É importante fazer isso nas escolas que têm uma coordenação que banca esse projeto político pedagógico, mas eu quero saber se vão fazer nas escolas em que a direção vai criar uma série de problemas, entraves e perseguições para que esse trabalho seja feito. Que tipo de articulação você vai fazer a partir disso? Obviamente, não estou defendendo que se engula sozinha esses assédios, mas que, diante de um ambiente não tão confortável para a produção desse tipo de incidência, como nos articulamos, nos reorganizamos, nos retroalimentamos e nos fortalecemos para viabilizar que isso seja feito na vida, nos mais diversos espaços?

É o que a Jurema falou: isso só é possível quando você entende que não dá para não fazer. A partir do momento que isso entra no lugar do "o que não pode é não fazer", aí a coisa já começa a se abrir para ir para esse lugar.

Bianca Santana

Gostaria de retomar o que a Thula disse, quando lembrou da mãe preta que fala: "Não faz mais do que a sua obrigação". Nós estamos aqui em um contexto muito mais confortável que as mulheres que vieram antes de nós, que têm preparado os caminhos. As nossas condições foram criadas, como você disse, por Jurema Werneck, Lúcia Xavier e Sueli Carneiro. Além delas, estão nos acompanhando Vilma Reis, Márcia Lima... A responsabilidade vai aumentando e a coisa fica ainda mais complicada.

Aproveito para saudar e honrar essas mulheres maravilhosas que nos ensinam tanto e que, de forma generosa, nos dão bronca e abrem os caminhos, nos colocando no lugar. Nós precisamos sempre agradecer e bater cabeça.

Pegando esse gancho de que, em condições muito mais difíceis, as nossas já fizeram, provavelmente mais e melhor do que fazemos agora, eu tomo a liberdade, Jurema, de lhe pedir para falar um pouco de Tia Ciata, da imagem da ialodê. Sei que a sua tese de doutorado é de 2007, mas ela é tão atual na nossa leitura de mundo, que eu acho que pode ser muito interessante para as pessoas compreenderem melhor isso que a Thula trouxe.

Jurema Werneck

Ialodê é um título, uma definição, uma condição que foi trazida do século 4 a.C., atravessou o século da experiência africana, atravessou a invasão colonial no continente, atravessou o navio negreiro, atravessou a senzala e está presente no século 21, em 2020, no Brasil e no mundo. É o título da representante das mulheres africanas de origem iorubá, das mulheres negras na esfera pública. Ela é a porta-voz das mulheres, é aquela que fala pelas mulheres do conselho. Ialodê é também, na tradição do candomblé, um título que Oxum e Nanã recebem nessa potência. Esse título, essa definição, percorreu, desde o século 4 a.C., toda a história da diáspora africana até aqui.

Ialodê poderia ter morrido, como nós morremos, poderia ter desaparecido, como nós desaparecemos, mas isso foi guardado como um tesouro nosso, porque isso fala, nessa trajetória de potência, da voz da mulher na participação e na presença. Digo isso chamando a atenção para o fato de que a mulher negra nessa experiência diaspórica é menos que nada. O discurso hegemônico a coloca nessa posição. Mas nós sabíamos, e trouxemos essa potência atacada, vilipendiada, e a preservamos até aqui.

Tia Ciata era uma mulher baiana que chegou ao Rio de Janeiro no início do século 20. Viveu nessa cidade, em uma região que Heitor dos Prazeres chamou de "África em miniatura", porque era um conjunto, uma diáspora negra baiana no centro da cidade do Rio de Janeiro, na região onde é o Porto.

Depois, alguém chamou de "Pequena África". Todo mundo que chegava parava ali. Mais tarde, essa comunidade se mudou e se expandiu até a praça Onze, pelas mudanças do centro do Rio de Janeiro, e Tia Ciata ficou conhecida como uma mãe de santo muito famosa. Mas não apenas como mãe de santo. Ela passou pela história por ter curado o presidente Venceslau Brás de uma ferida que ele tinha na perna. Ele estava desenganado, ia morrer daquela doença. Então, pessoas que frequentavam a casa dela pediram para ela ir ao palácio tratar do presidente. Ela, como boa mãe de santo, disse: "Ele que precisa, ele que venha aqui". Aí teve toda uma diplomacia para dizer: "Mas, minha mãe, o presidente, na casa de candomblé, na praça Onze...". Ela concordou, foi, tratou do presidente e o curou. No final da história, o presidente curado perguntou-lhe o que queria em troca. Ela disse: "Eu quero um emprego para o meu marido".

Junto com esse marido, Tia Ciata tinha oito filhos e toda uma comunidade para cuidar. O marido conseguiu um emprego na Guarda Nacional, uma coisa muito interessante. O que significava, naquele início do século 20, em uma casa de candomblé, uma mãe de santo ter um marido da Guarda Nacional? Significava que a festa do terreiro era protegida pela Guarda Nacional. Em um tempo em que a polícia, o Estado brasileiro, invadia as casas de santo, derrubava, prendia, quebrava, vilipendiava e atacava.

Na casa dela, tinha também samba, tinha choro. Pixinguinha, Heitor dos Prazeres, João da Baiana, Elizeth Cardoso: todos são descendentes dessa comunidade. Era uma casa muito criativa na música. Ela ficou conhecida como a dona da casa onde se cantou e se inventou o primeiro samba da história, "Pelo telefone",* que pelo ritmo não é nem um samba: "O chefe da polícia, pelo telefone, mandou me avisar".

Tem muita coisa bacana nisso. O que eu acho mais bacana é que, obviamente, o samba não foi inventado na casa de Tia Ciata, mas ela é tão influente até hoje que dezenas de historiadores escrevem isso nos seus livros. As pessoas dão entrevistas falando que o samba foi inventado na casa de Tia Ciata.

Digo que não foi inventado porque outros documentos históricos do caminho dos africanos pela diáspora das Américas e do Caribe encontram referências da palavra "samba" na Argentina, antes da derrubada dos regimes da escravidão em Cuba, no Caribe todo e no Brasil. O Brasil tem dezenas de formas de samba: o samba que Jackson do Pandeiro trouxe da Paraíba, o samba de Pernambuco, o samba de coco, o samba de todos os lugares. Mas Tia Ciata é tão influente, que quem é que diz que o samba não foi inventado na casa dela?

Eu estou falando porque é uma mentira? Não, é pela potência da influência dessa mulher, que narra uma história dentro da história. Não é a questão de onde o samba foi inventado, porque antes de ele ser inventado ele já existia. Antes de Tia Ciata chegar ao Rio de Janeiro, ele já existia também. Os negros e negras daquele tempo não ficaram esperando Tia Ciata viajar para o Rio de Janeiro para inventar o samba. Já existia, porque é uma tradição que vem conosco, veio de tudo quanto é lugar.

* "Pelo telefone". Compositores: Donga e Mauro de Almeida, 1917.

Essa mulher tão potente, que curou o presidente, que teve, em um período difícil da história do racismo religioso no Brasil, sua casa protegida pela Guarda Nacional, essa senhora é a dona do quintal onde o samba foi criado. Mas tem um detalhe: essa potência não escapou do racismo patriarcal heteronormativo, que continuou agindo. Ainda que notícias digam que ela estava na roda onde o improviso foi criado em torno do "Pelo telefone", ou seja, que ela também inventou um pedaço da música, pois ela estava na roda, ela participava, ela versava, ela não aparece como autora. A autoria ficou aprisionada pela indústria cultural como coisa de homens. Mas ela foi a dona do quintal e na casa dela inventou-se o samba. Eu acho isso muito potente, acho que tem mil significados nessa história.

Bianca Santana
Thula, foi mencionado o lugar da exploração da mulher branca sobre a mulher negra, beneficiando-se do trabalho doméstico para reforçar um lugar de poder. Qual lugar a trabalhadora doméstica ocupa na estrutura? De que forma é possível construir relações profissionais e pessoais dignas, mantendo o trabalho doméstico, considerando que a relação de poder e os privilégios, ainda assim, não mudam estruturalmente?

Thula Pires
Considerando o trabalho doméstico um trabalho; tratando a trabalhadora doméstica como você gosta de ser tratada enquanto trabalhadora. Eu vi muita gente com discurso progressista ser incapaz, no contexto de Covid-19, de dar à trabalhadora doméstica o tratamento que exigia de seus próprios empregadores. Se não há — e eu ouvi muita gente falar isso — condições de exercer a função de maneira remota e estamos

em pandemia, é obrigação do empregador garantir o sustento dessa pessoa, continuar pagando para que essa pessoa continue viva. Só que as hierarquizações de humanidades entre nós são tão orientadoras das nossas relações que muita gente foi capaz de exigir do empregador esse tipo de postura, enquanto reproduzia sobre a trabalhadora doméstica exatamente o oposto daquilo que considerava razoável.

Como a minha obsessão por Lélia Gonzalez já é conhecida, posso dizer que foi com ela que aprendi a fazer uma interpretação do Brasil a partir das trabalhadoras domésticas. Aprendi com ela a ler processos políticos-jurídicos e também com as trabalhadoras domésticas. Todo o processo de rejeição de proteção jurídica a esse trabalho é muito revelador do funcionamento do direito como um todo, inclusive no momento em que, muito tardiamente, se constitucionalizou essa proteção. Nem no século 21 nós fomos capazes de conferir a essas trabalhadoras domésticas exatamente as mesmas proteções que damos a outros trabalhadores. Quando eu falo "nem no século 21", não é porque se esperava uma coisa diferente do racismo, mas é porque isso é revelador desse contínuo, do tipo de acumpliciamento que os operadores do direito são capazes de produzir, do tipo de negociação que é feita, porque só se consegue avançar minimamente em algumas dessas garantias se elas se converterem em isenção fiscal, em algum tipo de benesse ou privilégio para as mulheres brancas. Tenha dó! O negócio está desenhado.

A Juliana Araújo é uma jovem pesquisadora com quem eu aprendo muito, da Universidade de Brasília (UnB). Ela tem trabalhos belíssimos, investigando exatamente a trajetória do trabalho doméstico para pensar uma série de dimensões dessa racionalidade jurídica mais ampla, do funcionamento dos operadores do direito, dos processos de constitucionalização, enfim, todos os aspectos que essa condição a que submetemos, reproduzimos e mantemos as trabalhadoras domésticas nos oferece.*

Tenho duas formas de perceber o funcionamento do direito. Para mim, elas são muito reveladoras do todo; não porque colocam em um microscópio o vilipêndio específico que essas gerações engendram, mas porque elas são efetivamente muito mais reveladoras do funcionamento geral do que das suas condições específicas. Uma é o trabalho doméstico, a partir do qual nós conseguimos entender, do ponto de vista jurídico, tanto da luta política de construção de norma jurídica de proteção quanto do tipo de proteção que se vai dando, como se vai dando e como se deixa de dar, do momento em que não havia essa proteção normatizada ao momento em que ela é normatizada. É muito mais indicativo não da situação específica das trabalhadoras domésticas, mas do funcionamento em geral do direito. Diz muito mais de toda a relação capital versus trabalho do que nós imaginamos. É a mais bem-acabada representação do que esse capitalismo racial patriarcal tem e como incide sobre as nossas vidas. Ali não tem cortina de fumaça. Exatamente por isso nós conseguimos entender o que fazemos conosco quando submetemos essas mulheres ao que as submetemos, que tipo de sistema econômico nós sustentamos quando submetemos essas mulheres a esse tipo de condição de trabalho.

Eu tento, sempre que acho que estou dando uma viajada, perdendo um pouco o pé no chão, olhar para isso e para as prisões. Não para aprender com a realidade prisional as especificidades do contexto da privação de liberdade no Brasil, mas

* Juliana Araújo Lopes, *Constitucionalismo brasileiro em pretuguês: trabalhadoras domésticas e lutas por direitos*. Dissertação (mestrado). Brasília: Faculdade de Direito da UnB, 2020.

porque eu também vejo a prisão como uma das melhores representações do que nós somos enquanto sociedade.

A prisão também diz muito do que nós somos capazes de nos acumpliciar. Todos nós dormimos com a prisão seguindo como uma opção política. Todos! Por isso ela diz muito do pacto político que somos capazes de produzir, do quanto a nossa imaginação política sobre democracia é tacanha, do quanto a ideia de República, de liberdade, é frágil. Porque nós conseguimos dormir com a prisão seguindo nos termos em que ela segue, sendo uma realidade sustentada por quem está fora dela. Por isso eu estou colocando cada um de nós, porque nem a essa discussão eles têm acesso lá dentro agora, não posso nem colocá-la. Com o índice de encarceramento que vivenciamos nas últimas décadas, de um projeto de estabilidade democrática progressista no campo mais orientado à centro-esquerda, responsável por um encarceramento que cresceu mais de 700%, e por um encarceramento feminino que, em dez anos, responde a um outro modelo de inviabilidade para nós — que outras dimensões do genocídio estão sendo acirradas a partir daí? Isso é muito mais indicativo do que nós, que estamos do lado de fora, somos. Do ponto de vista da racionalidade político-jurídica, dessa atuação do Estado conosco e da gente em relação a nós, tendo o Estado, de alguma forma, como ponto de referência, eu tenho esses dois aspectos como fonte de leituras muito duras, mas, ao mesmo tempo, muito concretas sobre o que é o Estado brasileiro, o que é o direito brasileiro, o que é a sociedade brasileira. Acho que o trabalho doméstico é fundamental, e a prisão também.

Bianca Santana
Quando falamos de trabalho doméstico e de prisão, não estamos falando de nada distante de nós. As nossas familiares pró-

ximas são ou foram empregadas domésticas, algumas de nós também. E nossos entes queridos estão encarcerados.

Os meus filhos estudavam em uma escola com muitas crianças brancas e mudaram, há dois anos, para uma escola composta majoritariamente de crianças negras. A Cecília, minha filha, aos 6 anos, um dia voltou para casa e falou: "Mãe, nessa escola nova eu não sou a única. Todos os meus amigos têm ou um irmão, ou um pai, ou um tio que também está na cadeia". Isso talvez seja uma marca importantíssima do lugar a partir do qual nós falamos da estrutura racista da sociedade brasileira, de algo que é sobre a nossa sobrevivência.

Diante da estrutura, pessoas negras têm historicamente criado um movimento para desmantelá-la, mas os mecanismos de manutenção por parte dos sistemas da branquitude e dos sujeitos brancos vêm se sofisticando. Para vocês, quais as contradições centrais dos indivíduos brancos que se dizem comprometidos com o antirracismo? O que eles ainda não estão enfrentando para avançarmos no desmantelamento do racismo estrutural?

Thula Pires
Não sei se eu chamaria de contradição, mas vou tentar dialogar com a questão trazida a partir de um lugar sobre o qual eu também tenho pensado, que não se articula exatamente à ideia de contradição, porém tem um caminho de conversa. Tudo isso que estamos falando só é possível se as pessoas estiverem efetivamente dispostas a bancar o que significa essa transformação, essa ruptura radical. Essas pessoas precisam se perguntar se estão dispostas ou não — isso quando dá para fazer, do ponto de vista reflexivo. Na ação, não há tempo para isso, nós não mudamos o final, não dá para mudar o roteiro em ação. Nós estamos aqui, em tese, em um contexto que permite um exercí-

cio de reflexão. Portanto, uma maneira interessante de pensar isso é: o que as pessoas brancas que estão lendo tudo isso e que estão firmando um compromisso em relação à luta antirracista estão esperando de nós?

Quando as pessoas brancas são capazes de dizer: "No meu espaço de trabalho, eu vou defender a ampliação de vagas de pessoas negras", que tipo de comportamento elas esperam de nós? Uma sugestão que eu queria fazer para essas pessoas é: mude esse comportamento e coloque nos nossos corpos um comportamento que você teria diante dessa situação. Aí, pergunte de novo se você estaria disposta a bancar ou não.

Vamos voltar para a questão doméstica, em uma situação muita específica, que é o contexto de Covid-19: "Proteção da vida em primeiro lugar"; "Que história é essa de separar a atividade econômica de produção da vida?"; "Isolamento"; "É a única forma de produzir"; blá-blá-blá. Quem está defendendo esse discurso pode, diante das mulheres que trabalham na sua casa, dizer: "Menina, eu fico consternada, eu fico sem jeito. Mas é porque, assim, eu fico sem graça de tirar o trabalho dela em uma hora dessa em que ela vai precisar mais, que vai ser mais difícil ter trabalho, por isso, eu mantive. Eu a mantive trabalhando na minha casa nesse contexto, porque eu fiquei imaginando o que seria dela sem o trabalho. Se eu tiro o trabalho doméstico, que é a função dela, como é que eu lido com a subsistência dela? Cheia de filhos, gente. Eu mando tanta roupa para os filhos dela, eu mando material escolar, eu mando tudo isso...". Qual é o comportamento que essa mulher espera? Que essa trabalhadora agradeça por ter tido a sua função mantida nesses termos.

Eu queria que essa mulher branca firmasse seu compromisso antirracista imaginando que a trabalhadora doméstica daria a ela a resposta que a mulher branca deu ao empregador dela, que é outra.

Vamos um pouco mais fundo, agora na discussão de segurança pública: "É um absurdo essa política de drogas"; "Rapaz, essa política de drogas que está aí, que encarcera"; "Seletividade penal"; "Sou contrária a tudo isso". As pessoas falam imaginando de nós que tipo de comportamento?

Eu queria que essas pessoas se vissem submetidas à violência diuturnamente. Que comportamento elas esperariam delas mesmas? Que atitude elas considerariam razoável diante da submissão do vilipêndio como norma? Diante desse tipo de postura nossa em relação às pessoas brancas, eu quero que elas reflitam que esse modelo é inaceitável, é um modelo com o qual elas romperiam, inclusive, com as próprias vidas, botando as próprias vidas em jogo. Acho que esse é o ponto que pode nos oferecer um caminho de atuação distinta do que nos trouxe até aqui.

Não sei se isso é contradição, mas é um pouco do que eu tenho visto, que é tentar ver se essas pessoas se perguntam que tipo de postura nossa elas têm em conta. Porque isso diz muito da imagem que elas têm sobre nós, das hierarquizações de humanidade que são mantidas, inclusive em alguns discursos que se enunciam do ponto de vista antirracista, esperando de nós uma reação que seja nada mais nada menos que humana, diante do grau de violência a que nós somos submetidas. Elas são capazes de manter esses mesmos compromissos, essa mesma atuação? Esse é um caminho possível para nós ganharmos confiança.

Jurema Werneck

O que Thula diz, entre outras coisas, é que há duas contradições. Uma é a contradição de acreditar que a mudança existe sem mudar, que mudança é confortável, que dá para mudar estando bem. Não. É preciso romper com um aniquilamento.

Essa situação da trabalhadora doméstica lembra o que é o racismo patriarcal operando sobre uma mulher e atingindo toda uma comunidade. O principal motor econômico das comunidades negras tem sido, ao longo dos séculos, depois do fim do regime de escravidão, o trabalho doméstico. O racismo patriarcal ataca a mulher, visa destrui-la, porque a partir dela destrói a comunidade. O encarceramento é um *plus*. O encarceramento, o tiro e a morte violenta retiram a possibilidade de resistência dos homens, inclusive. Sendo assim, essa é uma contradição: a mudança não é confortável.

Há uma segunda contradição, que é esperar que pensemos na branquitude. Por que eu tenho que pensar? Vou seguindo a linha de raciocínio da Thula em relação ao direito, no direito Revolução Francesa e no direito Haiti. Eu tenho que pensar neles ou eu tenho que pensar no meu caminho?

Não é que eu não possa fazer isso, mas também é uma contradição essa expectativa de que a nossa formulação tem que se dirigir a esse eixo, ter o branco como espelho, como guia, como eixo do pensamento, da ação, do ativismo. Na verdade, nós estamos fazendo o nosso papel. Agora, façam o seu. Nós vamos nos encontrar na luta, mas não vou encontrar você na prestação de mais esse serviço. Essa contradição precisa ser apontada e denunciada, e é preciso romper com ela também. Não é certo, não é justo, não é desejável que prestemos esse serviço.

Nós estamos pensando a vida, a sobrevivência e o mundo de uma forma. É preciso que as outras pessoas também pensem a vida, a sobrevivência e o mundo a partir do seu sapato, do seu chapéu, e nós nos encontramos nesse caminho de construção do novo mundo. Porque senão é muito para deixar nas costas negras. Já temos pensado a vida de muitas formas e está tudo aí. Nós temos pensado, temos narrado com diferentes linguagens. Narramos na tese, na crônica, na dança, na culinária, na indumentária. Nós narramos como projetamos a vida e o caminho de encontrar a vida. Está narrado na forma como vivemos a religiosidade. Nós produzimos, narramos e disponibilizamos. Abrimos o livro para todo mundo ver, mas, como minha mãe sempre dizia: "É preciso ter olhos de ver". Fizemos a nossa parte, mas é preciso que as outras pessoas façam também a parte delas. Nós temos que romper com essa contradição.

Bianca Santana
Cada uma de vocês poderia fazer as considerações finais?

Jurema Werneck
Este encontro tem a vantagem da palavra aberta. Nós viemos dar a nossa contribuição e entregamos o que tivemos condição de entregar. Tem coisas que são nossos segredos, que não vamos entregar, mas entregamos o que tivemos condição. Eu espero que isso seja útil, que vá adiante, que gere alguma coisa. É como eu disse desde o princípio: é preciso acabar com esse mundo e fazer outro, e é preciso fazer agora. Então, vamos lá!

Thula Pires
É um privilégio ter Jurema nesta conversa, chamando a responsabilidade, fazendo isso muito diretamente, enquanto presença, enquanto história, enquanto referência, e é um privilégio ter também Bianca nesse lugar de saber, de uma geração que se constitui e que não está sozinha. É um privilégio responder, prestar contas em conjunto, ser amparada de diversas formas. É raro conseguir ter uma atuação no mundo com esse tipo de amparo, que cobra, mas oferece a possibilidade de você fazer junto daquele que faz contigo, sem o qual você não conseguiria fazer.

É um privilégio, nesse momento, com esse cuidado, conseguir vocalizar produções de tanta gente, de tanto tempo. Eu não inventei a roda, nada do que está aqui é meu. É tudo reprodução, um pouco de uma série de trajetórias, pensamentos, costuras e pessoas. Dar corpo a isso é também um privilégio. É um privilégio alimentar a possibilidade de construção desse outro mundo, desses caminhos que confluem em direção à vida. Que eles nos reorientem para o caminho da liberdade. Que nós possamos chegar perto de Lélia Gonzalez, de Beatriz Nascimento, de minha Iyá Beata com um pouco mais de tranquilidade, com aquilo que ficou, que foi pavimentado por nós. Nós vamos precisar que cada um e cada uma assuma a sua responsabilidade política para que nós tenhamos esse tipo de descanso, esse tipo de sensação no final desse jogo, no final dessa caminhada. Portanto, quero dividir com vocês essa alegria.

Quero agradecer a atenção de tanta gente querida e tão responsável por tudo isso que estamos falando e, como Bianca falou, contar com a possibilidade de produzir essa outra realidade de maneira mais complexa e completa. Logo, que está osso!

Branquitude e fronteiras do antirracismo

WINNIE BUENO, RONILSO PACHECO E LIA VAINER SCHUCMAN

Lia Vainer Schucman

Há pouco mais de um ano, o assassinato de George Floyd, nos Estados Unidos, provocou reações antirracistas com reverberações significativas também no Brasil — marcadas por episódios de violência brutal contra pessoas negras, como nos casos de Miguel Otávio* e João Pedro,** ou a notícia da morte de Clayton, um menino de vinte anos, assassinado por um policial militar diante da suspeita de roubo de um celular mais

* No dia 2 de junho de 2020, Miguel Otávio Santana da Silva, de cinco anos, morreu após cair do 9º andar de um prédio, em Recife, após ser negligenciado por Sari Corte Real, patroa de Mirtes Renata Souza, mãe de Miguel, que teve de deixá-lo no apartamento com Sari para passear com os cachorros da patroa. Disponível em: <g1.globo.com/pe/pernambuco/noticia/2020/06/05/caso-miguel-como-foi-a-morte-do-menino-que-caiu-do-9o-andar-de-predio-no-recife.ghtml>. Acesso em: 10 mar. 2023.

** João Pedro Matos Pinto, de catorze anos, estava na casa de um parente quando foi morto após uma operação das Polícias Federal e Civil em São Gonçalo, no Rio de Janeiro, em 19 de maio de 2020. Disponível em: <brasil.elpais.com/sociedade/2020-05-19/jovem-de-14-anos-e-morto-durante-acao-policial-no-rio-e-familia-fica-horas-sem-saber-seu-paradeiro.html>. Acesso em: 10 mar. 2023.

tarde encontrado no banco do carro.* Para além de ser absurdo e chocante o fato de esses casos não levarem a uma crise ética e a um levante, isso traz à tona questões como: o que mudou nesse período e o que permanece em relação à luta contra o racismo? O que ainda podemos fazer? Ou, o que, além de debater e falar, é preciso para que as vidas de jovens negros valham e possam valer mais do que um celular?

Winnie Bueno

Eu queria dizer que Lia já respondeu à própria pergunta. O que mudou, quando um ano depois temos um jovem negro de vinte anos assassinado por um policial de folga por causa de um celular, ou quando nos deparamos com uma abordagem da segurança privada em uma grande rede de supermercados humilhando e desumanizando uma pessoa negra depois do assassinato do João Alberto Freitas,** não foi quase nada: temos uma permanência sistemática.

A mudança apresentada nesse período de um ano foi relativa à amplitude da denúncia do racismo, porque já não é mais possível presenciar o assassinato de um jovem negro por causa de um celular e isso ser uma notícia restrita ao movimento negro, como ocorria há pouco tempo. A brutalidade da violência racista alcançou um patamar tão absurdo que não há mais

* No dia 7 de agosto de 2021, Clayton Abel de Lima, um jovem negro de vinte anos, foi morto pelo cabo da Polícia Militar Silvio Neto, que o acusou de ter roubado um celular que, na verdade, havia sido esquecido pelo próprio PM em seu carro. Disponível em: <www.geledes.org.br/pm-mata-jovem-negro-por-roubo-de-celular-que-esqueceu-no-proprio-carro>. Acesso em: 10 mar. 2023.

** Na véspera do Dia da Consciência Negra, em 19 de novembro de 2020, João Alberto Silveira Freitas, de quarenta anos, foi espancado até a morte pelos seguranças de um supermercado da rede Carrefour, em Porto Alegre. Disponível em: <g1.globo.com/rs/rio-grande-do-sul/noticia/2020/11/20/homem-negro-e-espancado-ate-a-morte-em-supermercado-do-grupo-carrefour-em-porto-alegre.ghtml>. Acesso em: 10 mar. 2023.

como simplesmente desconsiderar o que o movimento negro tem a dizer. Já não é mais possível observar um processo de desumanização sem que haja uma denúncia consistente.

E aqui vale dizer que esse diagnóstico do racismo como uma estrutura que se propõe à desumanização de um grupo de seres humanos não é uma novidade. É uma afirmação contundente do movimento social negro há muito tempo. Ouço isso há anos de pessoas como Edson Cardoso, Jurema Werneck, Cida Bento, Sueli Carneiro, entre outras que, inclusive, ajudaram a compor este livro. Mas agora há uma possibilidade de reverberar esse diagnóstico sobre a sociedade para além do movimento negro, o que é resultado de um longo processo de reivindicação, o qual, por décadas, foi silenciado, suprimido e ocultado.

Graças à luta, não há mais como falar de direitos humanos no abstrato. Por exemplo, não é possível existir uma fundação de direitos humanos sem pessoas negras envolvidas na direção dela. Há anos observamos a grande maioria das organizações de direitos humanos serem dirigidas por pessoas brancas e contarem corpos negros tombados em números estatísticos. Basta ver a forma com que, por exemplo, as imagens dos assassinatos de George Floyd e, no Brasil, de João Alberto de Freitas, viraram uma espécie de pornografia do trauma negro. Em um primeiro momento, pode parecer que repetir essas imagens de brutalidade sobre os corpos negros é uma forma de denúncia, mas, na verdade, isso acaba fortalecendo o processo de recrudescimento da vitimização da população negra, sobretudo dos homens. E o número de mortes só aumenta. O que a permanência e o aumento desses números nos falam sobre mudanças sensíveis no combate ao genocídio da população negra? Falam sobre comprometimento, sobre o que é preciso fazer.

É importante, sobretudo em um debate sobre branquitude, compreender a centralidade da antinegritude na organização dos sistemas de poder. No Brasil, vivemos em uma sociedade que se articula a partir da exclusão do negro, daquilo que entendemos por cidadania e por humanidade. O genocídio antinegro é a característica fundante do Brasil, o que faz com que vivamos sob a égide do terror racial, o qual, por sua vez, exige justamente — e aí quero responder à Lia sobre o que falta — resistência e revolta. Uma resistência e revolta que sejam não só da população negra, mas que representem exatamente a crise ética mencionada, que exige de modo obrigatório uma insurgência.

Porém, no Brasil, a revolta, a insurgência, a rebelião, são frequentemente substituídas por reuniões fechadas com os representantes mais bem abastados da branquitude. Portanto, a própria possibilidade de insurgência, revolta e rebelião acaba sendo substituída por uma série de conchavos, conversas, trocas, inclusive monetárias, que resultam em uma espécie de persistência, como se trocássemos a vida de pessoas negras por alguns milhões de reais. Logo, não é por esse caminho que conseguiremos instaurar uma crise ética.

As poucas chances de a população negra sobreviver são decorrentes das desigualdades estruturais e históricas que não são combatidas frontalmente, porque para combatê-las não basta abrir escritórios de consultoria sobre racismo para aqueles que são os atores principais e persistem nessa estrutura.*

Insisto que mesmo após o assassinato de Floyd e o assassinato de João Alberto e a repercussão incessante de suas imagens, os brancos não foram capazes de reconhecer a centralidade da antinegritude na manutenção de todos os sistemas de poder. Como consequência, não perceberemos nenhum processo de mudança estrutural nas dinâmicas sociais uma

* Faço essas reflexões com portes bastante significativos no trabalho de um intelectual que eu admiro muito, João Costa Vargas.

vez que elas permanecem exigindo a exclusão do negro. Para o mundo branco funcionar, necessita da exclusão do negro e de ideologias que excluam o negro. Necessita, sobretudo, de um sistema econômico e jurídico que exclua pessoas negras.

No campo do direito, no qual obtive minha formação acadêmica, essa exclusão sequer precisa ser direta. Muitas vezes ela se dá por perversão — e aqui utilizo a ideia de figuras da perversão do direito, conceito desenvolvido pelo professor José Rodrigo Rodriguez, meu orientador de mestrado, que é interessante para entendermos a falta de mudança. Ou seja, atualmente é muito difícil encontrarmos normas jurídicas que criminalizem de modo aberto e explícito a população negra. Mas o uso das imagens de controle como mecanismo de criminalização não é raro.

As imagens de controle — conceito de Patricia Hill Collins* — são produzidas para normalizar, naturalizar e normativizar a violência contra o negro. É uma lógica de criminalização aberta e explícita a essa população, e é parte de uma ideologia generalizada de dominação. As imagens se constituem como importante ferramenta de poder uma vez que manipulam ideias a respeito da condição da população negra.

Digo isso porque a repercussão incessante de imagens de violência, de assassinato, de brutalidade aos corpos negros, acaba tendo esse papel de controle do imaginário, colocando o corpo negro como absolutamente "matável". E essa sistemática desumanização da negritude tem aspectos globais: assassinatos de George Floyd e de João Alberto; a repercussão global das imagens de fome, de falta de acesso, de precariedade da vida de pessoas negras são alguns exemplos. E ao desumanizar corpos negros retira-se das pessoas desse grupo direitos básicos,

* Patricia Hill Collins, *Pensamento feminista negro: conhecimento, consciência e a política do empoderamento*. São Paulo: Boitempo, 2019.

como o direito de viver. Dessa maneira, há um acordo tácito entre a branquitude e o poder que implica justamente no silenciamento, na anuência, ou, ainda, numa aliança performativa.

Essas alianças performativas, no geral, são bastante sonoras — é possível ver as pessoas dizendo que elas são aliadas... No episódio da morte de George Floyd, vimos isso de forma bastante contundente. Os quadrados negros que surgiram nas redes sociais dias depois do seu assassinato são um exemplo nesse sentido. É uma forma de manutenção de privilégios, ainda que pareça uma disposição deles. Ou seja, a afirmação "estou aqui abrindo mão de postar na minha rede social, colocando um quadrado para simbolizar o quanto eu me importo com essa morte" acaba repercutindo como uma desresponsabilização. Há uma performance de responsabilidade para então o sujeito se desresponsabilizar.

O debate sobre esses aspectos é superimportante e muito útil. Escrever e falar sobre isso é fundamental. Mas precisamos fazer algo além de falar. Tenho proposto e afirmado que precisamos de uma insurgência, uma rebelião, uma revolta.

Essa revolta existe e está plantada, semeada nos lugares mais profundos das periferias negras, dos Terreiros negros, das Igrejas negras. A questão é: quando essa revolta eclodir, onde estarão, que papel desempenharão as pessoas brancas? Elas vão cumprir um papel de mediação, de silenciamento? Um papel de supressão? Aquele lugar do policiamento de tom? Ou, quando eclodir a revolta, vão estar no lugar de repercussão, de reprodução constante da necessidade dessa rebelião, dessa revolução? Essas são posições muito comuns à população branca, que, inclusive, nos exige uma comunicação não violenta para falar das violências que nos atingem.

Sem o compromisso de destruição das estruturas patriarcais, das estruturas cis-heteronormativas, das estruturas racistas — que se retroalimentam —, por meio de uma revolta, não veremos mudanças significativas acontecerem. Veremos, em vez delas, uma série de diagnósticos se reproduzirem conforme as dinâmicas do racismo mudarem.

Isso porque o racismo é um sistema de dominação absolutamente dinâmico, embora seus resultados continuem os mesmos: pessoas cada vez mais adoecidas e exaustas, e, em última análise, pessoas que morrem aos borbotões, seja de bala, seja de fome, seja pela insuficiência completa de uma discussão. E essa discussão não pode ser superficial. Ela deve se desdobrar em uma prática real de combate ao racismo.

Lia Vainer Schucman
Fico muito mexida com a sua fala porque discutir sobre raça e sobre racismo não tem mudado a situação. O Brasil construiu sua antropologia e sua sociologia falando de raça e de racismo.

Entretanto, a primeira tensão racial se dá não quando tratamos de raça, mas quando há incorporação dos sujeitos negros e negras, por meio das cotas, em lugares em que essa denúncia, como a que você faz, cria tais tensões. Por isso é muito bom que haja esse chamado da insurgência e a reflexão sobre qual é o lugar em que nós brancos estaremos quando ela chegar.

Ronilso, para você, o que mudou nesse período? Como isso acontece nos Estados Unidos? Há diferenças, há avanços diferentes do Brasil?

Ronilso Pacheco
Esses paralelos são muito pertinentes porque parece que o Brasil observa o que acontece nos Estados Unidos e usa de inspiração. Muitas daquelas tradicionais perguntas surgem: "Por que no Brasil as pessoas não se revoltam como nos Estados Unidos?". Como se a nossa resposta à questão racial, à

violência policial, sempre tivesse sido tranquila. Acho interessante que nos Estados Unidos existe a expressão "brutalidade policial" e nós usamos "violência", quando deveria ser o contrário: "violência" nos Estados Unidos e "brutalidade" no Brasil.

No Brasil há uma categoria de brutalidade que ultrapassa, e muito, o modo como as coisas acontecem nos Estados Unidos; portanto, acho que esse paralelo é extremamente pertinente. Primeiro com relação à mudança. Entre as pouquíssimas conquistas nos Estados Unidos, talvez as mais significativas — guardadas as devidas proporções das expectativas, sobretudo da comunidade negra — seriam algumas mudanças legais nos estados. No âmbito federal, temos outra batalha. Pensando nos estados, por exemplo, em Nova York e mesmo em Minneapolis, há mudanças que são significativas quanto à postura, à abordagem, à violência policial e à forma de restringir, limitar, controlar o uso da força da polícia. O debate "Defund The Police" [Corte os recursos da Polícia],* ainda que vá e volte, aumente e diminua, continua pertinente e vivo aqui nos Estados Unidos, ao contrário do Brasil. Isso mostra muito do nível de agressividade, de violência, de quão organizada é a estrutura racial no Brasil e de como, definitivamente, são neutralizadas e sabotadas quaisquer possibilidades de reação.

Winnie terminou suas palavras falando de revolta, de insurgência, e o Brasil tem uma maneira muito peculiar de lidar

* Movimento que ganhou força após o assassinato de George Floyd, em maio de 2020, que levanta a discussão sobre o financiamento da polícia e do sistema carcerário estadunidense em detrimento de investimentos em educação, moradia e outras áreas sociais. Os apoiadores defendem que a realocação dessa verba em áreas diferentes do campo policial seria mais eficaz na redução da criminalidade.

com revoltas e insurgências, que é sabotar, neutralizar, fazer parecer que aquilo não existiu, como se tudo fosse aceito de maneira tácita, silenciosa. Enquanto a periferia, a comunidade e o povo negro gritam e buscam a sobrevivência, isso é absolutamente silenciado. E há vários pactos que fazem isso acontecer. Acho que essa é a principal diferença. Quando olhamos para o Brasil, tristemente constatamos que não é a morte do menino João Pedro, não é a morte do Benjamin,* não é a morte do Eduardo de Jesus,** que são relativamente recentes, não é a morte do Miguel. É a morte da Cláudia Ferreira*** que não significou nada, a chacina de Vigário Geral**** que não significou nada... Quer dizer, nada disso trouxe uma mudança significativa.

Trata-se de décadas de ações que são absolutamente semelhantes. É bem interessante como esses casos emblemáticos são referidos nos Estados Unidos. Eles são proferidos, quase sempre, com relação a uma pessoa: George Floyd é um caso emble-

* Benjamin, um bebê de dois anos, foi morto em um tiroteio com envolvimento de policiais no Complexo do Alemão, no Rio de Janeiro, em 16 de março de 2018. Disponível em: <ponte.org/bebe-de-2-anos-e-outras-duas-pessoas-morrem-em-tiroteio-no-alemao-rj>. Acesso em: 9 mar. 2023.

** Em 2 de abril de 2015, Eduardo de Jesus Ferreira, que tinha dez anos, foi morto na porta de sua casa no Complexo do Alemão, Rio de Janeiro, com um tiro de fuzil disparado por um policial. Disponível em: <g1.globo.com/rio-de-janeiro/noticia/2015/11/tiro-que-matou-eduardo-no-alemao-partiu-de-pm-mas-nenhum-e-indiciado.html>. Acesso em: 9 mar. 2023.

*** Em uma operação no Morro da Congonha, no Rio de Janeiro, em 16 de março de 2014, Cláudia Silva Ferreira foi assassinada por policiais e teve seu corpo arrastado pela estrada, quando o porta-malas da viatura em que foi colocada se abriu. Disponível em: <www.anf.org.br/7-anos-da-morte-de-claudia-silva-ferreira>. Acesso em: 9 mar. 2023.

**** A chacina de Vigário Geral aconteceu em 29 de agosto de 1993, quando um grupo de extermínio, formado por policiais civis e militares, invadiu a favela de Vigário Geral, no Rio de Janeiro, e assassinou 21 moradores. Disponível em: <www.anf.org.br/27-anos-da-chacina-de-vigario-geral>. Acesso em: 9 mar. 2023.

mático, Trayvon Martin é outro, Rodney King* também, além de Emmett Till.** Mas no Brasil os casos são coletivos. Estamos falando de chacinas, de formas coletivas de assassinar, de tirar a humanidade das pessoas negras. E, a despeito disso, nós não temos nenhuma mudança significativa. Ou as mudanças são muito individuais — depois da repercussão — ou não há, absolutamente, mudança alguma. Elas são isoladas, inclusive, na relação direta entre a vítima e o opressor, que quase sempre é o Estado, mas você não tem nenhuma mudança importante, no sentido de algum benefício para a sociedade. É muito triste responder a essa pergunta dizendo que efetivamente nada mudou. Não há nada no plano legal que se possa dizer: "Pelo menos nesse estado, as coisas acontecem dessa forma". Não há absolutamente nenhum horizonte. Essa é a minha primeira grande questão.

Nós temos publicações, cadernos, teses. Winnie colocou muito bem. Mas, efetivamente, não há sequer um horizonte de que todo esse processo de violência, de genocídio, tenha feito uma mudança significativa no plano legal, estrutural, para a proteção e para a preservação da vida das pessoas negras, isto é, da sociedade brasileira.

* Em 3 de março de 1991, Rodney King, um homem negro estadunidense, foi brutalmente espancado por policiais ao dirigir em alta velocidade em Los Angeles. A gravação do seu espancamento foi divulgada pela televisão, o que gerou uma onda de protestos liderados pela comunidade afro-americana. Disponível em: <g1.globo.com/mundo/noticia/2016/03/caso-que-gerou-disturbios-raciais-de-los-angeles-completa-25-anos.html>. Acesso em: 9 mar. 2023.

** Emmett Till, um adolescente negro de catorze anos, foi barbaramente assassinado por dois homens brancos no Mississipi, em 28 de agosto de 1955. O caso teve grande repercussão nos Estados Unidos, tanto por sua brutalidade quanto pela absolvição dos assassinos, o que reverberou no movimento pelos direitos civis no país. Disponível em: <brasil.elpais.com/brasil/2018/07/12/internacional/1531418542_061754.html>. Acesso em: 9 mar. 2023.

Não se trata da população negra, mas do Brasil enquanto sociedade. Toda vez que falarmos aqui da população negra, da comunidade negra, não nos referimos única e exclusivamente às pessoas de pele preta, mas do Brasil. A sociedade brasileira está completamente perdida e traumatizada, extremamente ferida pela forma como as comunidades negras têm sido tratadas ao longo da sua história. E aí eu acho que existe uma conexão interessante com essa própria discussão, da branquitude e das fronteiras do antirracismo.

Pensei bastante sobre esse título, sobre essa ideia de fronteira, de como ela não existe no antirracismo. A fronteira está totalmente do lado da branquitude, pois ela se estabelece construindo fronteiras, justamente por essas manterem a sua hegemonia, o seu poder, e a impossibilidade de acesso e de penetração nesse lugar de centralidade. A branquitude criou a fronteira racial e a religiosa.

Lembro-me de um trecho de *Um defeito de cor*,* em que Ana Maria Gonçalves fala, em algum momento da história contada pela Adeola, que a mistura das religiões é mais característica das pessoas pretas que das brancas — para quem, inclusive, a única crença verdadeira é a própria, sobretudo o cristianismo ocidental, europeizado. Mas como a mistura de religiões é tão naturalizada entre as pessoas pretas? Essa é uma pergunta que me faz lembrar como as muitas revoluções ao longo da história são marcadas por uma espiritualidade negra. As grandes revoluções europeias, é claro, são muito secularizadas, seja a Revolução Francesa, seja a revolução de 1848. Mas, pensando nas revoluções, nas lutas, nas insurreições, nas insurgências e revoltas negras, elas são marcadas por uma espiritualidade muito forte, seja a Revolta dos Malês, a Revolução Haitiana

* Ana Maria Gonçalves, *Um defeito de cor*. Rio de Janeiro: Record, 2006.

com a presença do vodu; a revolução na Jamaica, inspirada por um pastor batista; sejam as grandes revoluções nos Estados Unidos, realizadas por cristãos revoltosos; seja no caso de Beatriz Kimpa Vita, em sua luta contra o império português, no reino do Congo... Quer dizer, tudo é marcado de alguma maneira pela espiritualidade, como os terreiros e o candomblé, que são extremamente significativos na história da resistência do povo negro no Brasil; assim como a santería em Cuba, no Caribe. Essa espiritualidade é marcante e tem a ver com a mistura das religiões com a qual Ana Maria Gonçalves dialogou — uma coisa que Toni Morrison fez muito aqui nos Estados Unidos, também.

Em contrapartida, a branquitude mantém a sua fronteira da religiosidade cristã ocidental, europeizada, com aquela marca significativa das diferenças, de uma teologia colonial, escravizadora, política. As fronteiras do antirracismo são, então, na verdade, as fronteiras da branquitude ao antirracismo.

Winnie colocou muito bem como as soluções para a comunidade negra são pensadas a partir das pessoas brancas que estão nos lugares de poder e que podem fazer essa opção, podem fazer a escolha de serem solidárias e fazerem algum tipo de reação. Mas elas estão dentro, estão do outro lado da fronteira em que é possível estar, de uma fronteira construída e mantida pela branquitude, por elas mesmas, como todos os lugares de poder. Todas as discussões com relação aos partidos, às cotas ou não cotas dos partidos, tudo passa por um lugar. Existem muitas lutas, em todas as esferas, mas o lugar de poder, de onde sai a palavra final, é um lugar que está do outro lado da fronteira da branquitude. Do lado de cá, a luta continua, a luta com muitas unificações, a luta contra o genocídio antinegro — expressões usadas pela Winnie —, contra o terror racial, pela necessidade dessa resistência e revolta.

Winnie usou o conceito da imagem de controle e eu vejo que essas imagens têm o mesmo sentido de normalidade, como se fossem absolutamente normais. Então este é o teor da nossa discussão: debater o que está do outro lado da fronteira da branquitude que impede qualquer ação, que neutraliza, que sabota sistematicamente — sobretudo no Brasil — qualquer resistência negra.

Parece que não aprendemos. Em 2021, mesmo depois de George Floyd — que é tão recente —, continuamos ouvindo jornalistas e pessoas fazendo a mesma pergunta: "Por que as pessoas negras não se revoltam?". A imprensa, a grande mídia — graças a Deus temos o papel importante das mídias alternativas — continuam neutralizando e invisibilizando as formas de resistência e de lutas negras nas periferias. Ou seja, esse mundo, do outro lado da fronteira, continua à parte de qualquer possibilidade de luta e de resistência da comunidade negra.

Nesse sentido, faço coro ao que é problematizado por Winnie: de um lado, a pergunta sobre o que mudou e, de outro, a triste constatação de que efetivamente nada mudou. Não é que mudou alguma coisa e não fez diferença, nada mudou! E uma coisa que acontece por tanto tempo, por tantas décadas e séculos, e que não muda, é um projeto pensado. Não pode ser uma falha, não pode ser fruto de várias tentativas que deram errado, trata-se da manutenção de um projeto que sempre deu certo.

O que fazer, então, a respeito da nossa possibilidade de pensar o que mudar? Talvez encarar isso de uma maneira mais dura, mais fria, mais insurgente, como Winnie colocou. Talvez realmente precisemos de mais insurgência, inclusive nas nossas estratégias de diálogo. Pensarmos e identificarmos onde é possível a conversa, já que há lugares em que a conversa não é mais possível. Não há mais como considerar razoável que não exista um nível de informação, de acesso, de conjectura sobre como as coisas acontecem no Brasil. Precisamos identificar onde não é mais possível o diálogo e onde ele ainda é razoável e possível. Tudo isso vai ser considerado a partir do momento em que formos capazes de tentar lidar com o que está do outro lado da fronteira da branquitude, que se protege e se mantém de modo permanente.

Lia Vainer Schucman
A respeito do título, "Branquitude e fronteiras do antirracismo", antes havíamos pensado "Antirracismo e branquitude", mas esse não era possível, porque a branquitude é exatamente o racismo, não há como a branquitude ser antirracista. Podemos encontrar sujeitos brancos antirracistas, mas a branquitude é a consolidação do próprio racismo. Outro dia li o seguinte: "A branquitude se fundamenta no racismo, e a única coisa que nomeia o branco como branco é o racismo, senão essa categoria não existiria dessa forma". Sendo assim, ela é a própria fronteira, como Ronilso mencionou.

Concordo com Winnie sobre a importância de retirar essa luta antirracista do âmbito atitudinal dos indivíduos e passar principalmente para as instituições. Diante dessa resposta que vocês deram sobre nada ter mudado e, considerando que há muitas pessoas brancas que estão em instituições de poder, o que podem os sujeitos dentro das instituições?

Do que se faz uma estrutura? Não vale mais dizer que o racismo é estrutural e o indivíduo não tem nada a ver com isso, porque a estrutura se faz de instituições e as instituições, de indivíduos. Uma pergunta do público para Winnie reforça o questionamento de pessoas brancas sobre o que se deve fazer: "O que poderia ser uma atitude de responsabilização efetiva por parte de pessoas brancas?". Articulando essa pergunta com o dado de que pessoas brancas estão no poder, como disse o Ronilso, o que seria possível essas pessoas fazerem dentro das instituições onde estão?

Winnie Bueno

Ter uma atitude de responsabilização é se responsabilizar e, se responsabilizar perpassa justamente por não jogar a responsabilidade para as pessoas negras dizerem o que as pessoas brancas precisam fazer. Isso, para mim, é o ponto de partida. Já cheguei em um ponto da minha vida acadêmica e ativista em que realmente entendo que os indivíduos devem assumir a responsabilidade sobre o que fazer diante do diagnóstico que acabamos de apresentar aqui, uma vez que esse não é um problema das pessoas negras, é um problema da sociedade — especialmente no Brasil, cuja maioria da população é negra.

Se os índices de precariedade de vida, de morte, de violência, de despossessão de todo tipo são voltados para essa população, estamos falando de um país inteiro que assassina a maioria de seus habitantes, os desapossando e os deixando em níveis absurdos de precariedade. Mas por que não se entende isso como um problema da sociedade, e sim um problema da população negra? Porque quem vai ser atingido por esse cenário é a população negra. A população branca não é atingida diretamente.

Com a Constituição, até que tivemos avanços no sentido de formar uma semiconsciência sobre racismo, sobretudo de ativistas em movimentos sociais ditos progressistas. Hoje, inclusive, se fala em racismo estrutural. Porém, muitas vezes, a ideia de estrutura é usada como uma ferramenta voltada à desresponsabilização, a ideia é utilizada como justificativa para que nada seja feito, afinal "é estrutural".

Um exemplo desse uso é o inquérito policial do assassinato de João Alberto, um caso que eu acompanhei muito detalhadamente. O inquérito aponta que existe uma estrutura racista que gera, por consequência, a brutalidade do assassinato. Mas ao mesmo tempo, o documento desloca o racismo do âmbito do crime. Diz-se que não se trata de um crime racista. Ora, mas como não? Ora, como não temos ali diagnosticado um crime profundamente racista, inclusive com níveis de tortura envolvidos?! O inquérito utiliza o conceito de racismo estrutural, mas afirma que o crime em si não tem uma conotação racista, noção essa que remete ao que Ronilso disse muito bem: no Brasil se tem uma forma de amortização da insurgência, da revolta da população negra, que é muito eficaz. Eficaz, inclusive, quanto a esse efeito de que sejamos nós, pessoas negras, que tenhamos de dizer para as pessoas brancas o que elas precisam fazer — uma resposta para mim quase impossível, porque eu não sou branca.

Sou uma mulher negra, que vive em um estado [Rio Grande do Sul] onde a maioria absoluta das pessoas é branca. Nunca vivi, nunca fui lida como branca. Em que pese hoje morar em um bairro de classe média, ter feito universidade, estar no doutorado, eu continuo não sendo lida a partir desse outro lugar, dessa outra fronteira. Continuo sendo lida como uma pessoa negra. A sociedade continua me interpelando como uma pessoa negra. E eu sei o que eu, Winnie, preciso fazer e compreender para enfrentar todos os processos de violência, de descredibilidade, de silenciamento que me serão atribuídos por ser uma mulher negra. Eu não sei como é viver sendo uma pessoa branca. Posso imaginar, mas aqui não estamos fazendo um exercício de imaginação, certo?

Uma responsabilidade ativa significa, sobretudo, pensar ativamente no que é possível fazer e em como se responsabilizar de fato. No terreiro há esta dinâmica: você é responsável por determinadas tarefas e então vai aprendendo. Você começa aprendendo, por exemplo, como se debulha o milho. Então sua tarefa e responsabilidade passa a ser debulhar o milho. A partir do momento em que você entende como se debulha o milho, a sua responsabilidade passa a ser debulhá-lo. Daqui a pouco, a sua responsabilidade será bater o pirão do amalá de Xangô. A partir do momento em que você entende como executar a nova tarefa, ela será sua responsabilidade. Portanto, você não poderá responsabilizar outra pessoa, caso ela não tenha saído certa.

Ou seja, a partir do momento em que você entende, você não pode cobrar de outra pessoa que ela faça a sua tarefa. E se você sabe como fazê-la e não o faz, esse é um problema seu. Não pode ser responsabilidade de outra pessoa. Aprendi assim a responsabilidade ativa, no terreiro e no movimento social negro. Não tem receita de bolo.

Conforme foi dito, o racismo é um problema complexo. Pensando nas instituições, é evidente que há uma consciência dos ativistas sociais sobre o racismo antinegro. A organização e a agência política de pessoas negras precisam ser centralizadas. Às vezes, nos parece que se fala de racismo como se não soubéssemos o que fazer, como se não tivéssemos uma agenda política constituída há muitos anos sobre como lidar com esse problema que afeta a economia, a educação, a cultura, a segurança pública, a política e a produção de normas no contexto brasileiro, isto é, que afeta cada âmbito da sociedade.

Temos uma agenda que foi pensada pelas próprias pessoas negras, a partir do próprio movimento social negro, que não prevê somente atitudes como contratação de estagiários, de pessoas negras para cargos que não sejam de decisão nas instiuições. A mudança dentro das instituições não se faz tendo nas equipes uma maioria de pessoas negras que cumpre tarefa mas que na hora de se decidir para onde vai o recurso são consideradas de modo secundário. É necessário começar a trazer não só as contribuições teóricas do ativismo, do movimento social negro, para dentro das instituições, mas também a expertise de gestão dessas pessoas.

Se existe algo neste país, nos últimos quarenta anos, que deu certo, é o movimento social negro, porque ele foi atacado de todas as formas possíveis e imagináveis, por todos os setores. E hoje chegamos em um cenário no qual não só esse movimento ainda existe, como persiste e se organiza — e isso é muito importante. Faço parte da Coalizão Negra por Direitos —* responsável por parte significativa dos atos e manifestações contra o governo Bolsonaro.

Assim, eu sei o que é preciso fazer. O que as pessoas brancas podem efetivamente fazer? Como as pessoas brancas podem se responsabilizar ativamente? Se responsabilizando. Colocando a própria responsabilidade em uma perspectiva ativa, e não em uma perspectiva passiva, que espere darmos a receita do que os brancos têm de fazer. Não somos brancos. Não temos essa receita.

Lia Vainer Schucman

Mesmo afirmando que você não diria o que as pessoas devem fazer, você deu vários exemplos do que elas podem aprender, Winnie.

Ronilso, você falou bastante sobre espiritualidade e religião. O Brasil é composto por uma maioria cristã, com um grande número de pessoas evangélicas, e você é uma importante liderança da luta antirracista dentro dos ambientes cristãos. Enquanto teólogo, como você tem percebido a receptividade dessas pautas nas organizações negras dos ambientes cristãos? E

* A Coalizão Negra por Direitos é uma articulação consolidada em 2019 que reúne entidades, organizações e coletivos do movimento negro de todo o país. Tem sido uma das mais importantes expressões de resistência e incidência para a contenção de retrocessos no cenário de crise política e sanitária que se desdobrou a partir de 2018. Mais informações sobre a Coalizão podem ser encontradas em: <coalizaonegrapordireitos.org.br>. Acesso em: 10 abr. 2023.

como relaciona a atuação de grupos protestantes nos Estados Unidos e no Brasil?

Nos Estados Unidos existem muitos grupos protestantes antirracistas, enquanto no Brasil há uma invisibilização disso. Como o antirracismo poderia ser mais capilarizado em ambientes evangélicos?

Ronilso Pacheco

Com relação à ausência desse debate nas igrejas e no cenário evangélico brasileiro, essa é uma pergunta levantada com frequência, sobretudo quando acontecem grandes protestos. As Igrejas negras têm um papel fundamental nos grandes protestos nos Estados Unidos, seja na organização, no fomento e na parceria com os movimentos, como o Black Lives Matter e outros. Atribuo essa diferença a como o racismo no Brasil é eficiente, como é tão efetivo.

A começar pela própria formação do que é a Igreja Evangélica no Brasil. Nós não tivemos, por exemplo, influência, relação ou contato com uma experiência de Igreja negra dos Estados Unidos. Nossa experiência de formação de Igreja no Brasil recebeu forte influência branca, conservadora e muito relacionada ao escravagismo nos Estados Unidos. Temos muitas denominações evangélicas brasileiras que são formadas, criadas, a partir de comunidades, famílias, organizações e Igrejas que saem dos Estados Unidos, sobretudo do Sul do país, em direção ao Brasil, porque esse é um país no qual ainda pode haver escravizados. Temos denominações evangélicas, Igrejas específicas que começam com essa história.

Em contrapartida, não há, por exemplo, uma grande Igreja negra que tenha feito um trabalho com a comunidade negra com relação à questão da escravização. Aqui nos Estados Unidos, frequentamos uma igreja que tem 210 anos. Ela foi fundada por negros etíopes que romperam com uma igreja batista e que nunca pensou em fazer um projeto missionário fora dos Estados Unidos — até porque eles tinham muito mais o que fazer, tinham toda uma luta relacionada à questão do escravagismo e da libertação do povo negro no próprio país. Esse tipo de projeto missionário era muito similar à conquista colonial e estava mais presente nas Igrejas brancas conservadoras nos Estados Unidos.

Essa influência é muito significativa e é mais uma das razões, ou mais um dos exemplos, de como o racismo no Brasil deu certo e é eficiente. Apesar disso, temos um movimento que cresce cada vez mais — quer dizer, sempre houve um movimento à margem, nunca foi uma hegemonia... É interessante que muitos falam: "Como você explica essa virada da Igreja Evangélica?". Não sei quando foi diferente! A Igreja no Brasil já chegou de braços dados com os colonizadores, os escravizadores. Ao longo da história, sempre houve lideranças, pessoas brancas e negras à margem que enfatizaram a luta pela libertação, pela justiça, que denunciaram a escravidão, que fomentaram o diálogo inter-religioso. Até hoje temos um conhecimento deficiente sobre o papel de protestantes e evangélicos na ditadura. Ao falarmos disso, tudo o que vem à cabeça é a "marcha pela tradição, pela família", quando houve um movimento muito relevante. O mesmo acontece com relação à escravidão. Houve muitos pastores brancos que saíram de suas igrejas, romperam com suas denominações, porque achavam inconciliável ser cristão e ter escravizados ou concordar com a escravidão.

O que quero dizer é que há uma geração que é legado dessa parte da história. Hoje isso está muito presente numa geração jovem e negra que sente orgulho de sua negritude e que tem batalhado para conciliar a negritude com a identidade evangélica, rompida com aquilo que a Lélia Gonzalez fazia questão de enfatizar, o eurocristianismo. Gonzalez usava essa expressão para se referir à herança cristã europeizada, que tem a hegemonia da influência nos Estados Unidos e, por consequência, no Brasil, com essa perspectiva muito individualizada quanto ao racismo, que é típica do protestantismo europeu. Isso tem o seu legado, sua materialidade, sua importância na perspectiva que o Brasil tem hoje do racismo, até mesmo para pensar como as instituições podem colaborar na luta antirracista. A questão é que nem sempre é possível pensar em uma luta antirracista, ou em uma virada nessa perspectiva com relação ao racismo, se não houver um engajamento das instituições públicas e privadas. É impossível porque é assim que a sociedade funciona.

Há uma afirmação interessante em uma carta de Ta-Nehise Coates para seu filho, no livro *Entre o mundo e eu*,* em que ele diz mais ou menos: "Eu sei lidar com o racismo na perspectiva individual. Não preciso de políticas para isso, porque se o cara ofender meu filho porque ele é preto, eu saio na mão com o cara, eu resolvo, sei resolver. Não posso é lidar com uma universidade racista. Não posso lidar com um hospital racista. Não posso lidar com uma polícia racista. Aí, realmente é inviável para mim. Não posso lidar com uma academia racista. O meu vizinho racista, eu sei resolver, agora, a academia racista, eu não sei. Não tenho como fazer".

Ou seja, não é possível pensar em mudança social e em formas de colaboração das instituições, se nós estamos nesse nível de racismo, de negação de dignidade das pessoas negras, se nenhuma instituição funciona plenamente. Se não é possível colaborar, uso uma expressão bem "crente": "é morrer e nascer de novo".

* Ta-Nehise Coates, *Entre o mundo e eu*. Rio de Janeiro: Objetiva, 2015.

Só é possível que haja colaboração no antirracismo se as instituições repensarem o seu papel, se fizerem uma autocrítica profunda, com honestidade, com sinceridade, com abertura para a descentralização de poder de que elas devem fazer parte. Elas precisam encarar que o Brasil está em um rumo racista mortal para a comunidade negra, para a população preta e parda. É preciso que as instituições, desde as Igrejas até a instituição privada mais liberal, deem um passo atrás e revejam a própria trajetória, memória, sentido, imagem, símbolos, rituais, absolutamente tudo.

Essa perspectiva de "colaboração", inclusive, é fruto da herança protestante europeizada, em que tudo é individualizado, inclusive a ética. E se a ética é individualizada, então é preciso haver indivíduos éticos para que a sociedade mude sua perspectiva racista. Esse é o aprendizado ético, até mesmo ético-filosófico, que tivemos, o qual é muito diferente da perspectiva ética africana, se pensarmos "ubunticamente", ou seja, na ideia do ubuntu* em que a ética se relaciona a uma visão comunitária.

Na perspectiva europeia a ética é individual: é possível existir indivíduos que sejam solidários, aliados, parceiros, para que possa acontecer uma mudança. Na perspectiva do ubuntu, por exemplo, vemos que isso não vai dar certo, porque nada irá mudar a partir de indivíduos aliados, a partir de indivíduos que tenham 50 milhões de seguidores nas suas redes sociais e abram essas redes sociais para pessoas pretas; isso só mudará a partir do ponto de vista coletivo e comunitário. Deve mudar, inclusive,

* Ubuntu é uma filosofia africana na qual a ideia de indivíduo está relacionada à coletividade, ou seja, uma ação realizada por um indivíduo não diz respeito só a ele, mas sim a toda a comunidade. É associada à ideia de compartilhamento e convergência. Disponível em: <www.geledes.org.br/ubuntu-filosofia-africana-conceito-de-humanidade-em-sua-essencia>. Acesso em: 10 abr. 2023.

a lógica de branquitude, que usurpou as contribuições coletivas e comunitárias, deixando significativos grupos sociais de fora.

A ideia de "colaborar", portanto, é quase como passar um prato, passar o chapéu pedindo, tentando convencer de que é preciso ajudar. E não há convencimento. Se não houver pessoas, organizações, instituições comprometidas com o fato de que, definitivamente, é preciso acabar com a sabotagem de um projeto de sociedade e de país diferente, deixando de colaborar com uma estrutura que funciona dessa mesma forma há séculos, essa mudança vai ser inviável.

Só vai funcionar pela autocrítica e pelo reconhecimento, ou pela revolta.

Lia Vainer Schucman

A partir da sua fala, me lembrei da frase de Frantz Fanon: "Uma sociedade ou é racista ou não é".* Não pode haver uma sociedade que não é racista com alguns indivíduos racistas no meio. Nessa situação, se tudo acontecer em sua normalidade, o resultado será racista. Assim como vemos na questão das vacinas durante a pandemia de Covid-19 em nossa sociedade: aconteceu em sua normalidade, ou seja, deram para "o grupo de risco", e o resultado foi racista.

Para finalizar nosso debate, há algumas perguntas da audiência, entre elas: "O aumento recente do número de pessoas negras na mídia brasileira — jornalistas, atrizes, atores — não seria um avanço? Uma constatação do racismo da grande mídia e um passo na direção certa?". Winnie, que trabalha com imagens de controle, poderia responder.

Nessa mesma toada, temos outra pergunta: "A BlackRock, uma das maiores corporações em gestão de ativos, pretende au-

* Frantz Fanon, *Pele negra, máscaras brancas*, op. cit.

mentar para 30% a proporção de trabalhadores negros e dobrar a proporção desse grupo entre seus líderes seniores até 2024. O Google pretende alcançar a representação de grupos sub-representados em 30% nas posições de liderança até 2025. Não resolve o abismo socioeconômico, não elimina o racismo, mas são ações importantes. E a resposta aqui no Brasil, qual é o status?". E ainda: "Qual é a tarefa da instituição universitária na luta antirracista? Um lugar histórico de poder da branquitude, mas que hoje ampliou enormemente a presença de pessoas pretas e pardas".

Winnie Bueno
Antes de mais nada, gostaria de dizer que me alegra muito ver onde Ronilso está agora. Me alegra demais saber que a luta dele resultou em um desaguar coletivo. É muito importante quando vejo Ronilso, por exemplo, comentando política na televisão — e então quero dialogar com a primeira pergunta que foi feita, porque, no Brasil, homens com a tonalidade de pele de Ronilso não são chamados para comentar política na televisão. E embora isso seja importante porque meus primos podem ver o Ronilso na televisão e então sonhar com algo além das páginas do editorial policial no jornal, não foi um avanço que ocorreu "de repente", com a mídia abrindo as portas. O mesmo vale para a pergunta das universidades. A nossa maior presença nesses espaços não é um avanço importante porque a instituição universidade "de repente" resolveu ser boazinha conosco e nos permitir adentrá-la. Foi um avanço construído coletivamente, com uma luta árdua, difícil, complexa, do movimento social negro neste país e em todo o globo. Quando falamos de diáspora, é preciso que se entenda, também, que se trata de um sentimento presente de luta por direitos, de reivindicações muito profundas e que duram muitos anos.

Já a respeito do comentário sobre a contratação de grupos sub-representados, acho muito engraçado como somos desconectados da nossa própria história, celebrando a notícia de o Google abrir 30% das vagas para pessoas negras. O Google existe porque durante anos neste país o trabalho de pessoas negras foi absurdamente explorado. Então, eles não fazem mais do que a obrigação. E fazem pouco!

Quando dizemos — e falo isso com alguma contundência — que pessoas brancas nos devem até a alma, é porque nos devem até a alma mesmo! Porque só é possível que se naturalize que seja um avanço ter quatro ou cinco jornalistas negros ocupando bancadas de jornais — e veja bem, na sua maioria de jornais na TV a cabo no Brasil, porque na rede aberta a maior parte ainda é de pessoas brancas, de homens brancos —, porque nós fomos explorados até a última gota de sangue. E continuamos explorados até a última gota de sangue nas coisas mais corriqueiras, por exemplo, o fato de parte do meu trabalho ser produção de conteúdo na internet. Preciso desse trabalho para desenvolver meu doutorado, caso contrário não tenho como pagar as contas.

Por isso, essas pequenas e pontuais mudanças não são estruturais. Elas alteram a dinâmica do racismo e, até mesmo, dão instrumentos para os brancos questionarem o status de nossas reivindicações.

Esses pequenos e pontuais avanços estão muito distantes do que identificamos em nossa conversa. Eles atualizam uma dinâmica que também é muito racista, e, portanto, nós, população negra, temos que estar atentos a todo o momento. Não dá para nos contentarmos em sentar no sofá da casa-grande e achar que está tudo certo. Não está tudo certo porque voltamos a ver nossas mães, a maioria das chefes de família no Brasil, fazerem contas para comprarem arroz ou farinha.

Não temos avanços, porque assistimos às pessoas trocarem sua alimentação, o mínimo da cesta básica, por miojo, e a grande mídia anunciar como se fosse uma obra do acaso que a Lámen vai liderar a produção no setor de massas.* Antes tinha havido uma tímida movimentação, e as pessoas tinham o mínimo de autonomia para decidir o que elas iam comer no almoço, sem ter que bater em porta de igreja para conseguir um pacote de arroz. Mas bastou que a ordem mudasse um pouco para que acontecesse um movimento de retrocesso neste país, de modo que hoje voltamos a um cenário em que as pessoas não têm nada além de água em suas geladeiras. E a maioria dessas pessoas é, indiscutivelmente, negra. Voltamos para um cenário em que as pessoas colocam as suas vidas em risco para poderem produzir, poderem cozinhar um pouquinho de feijão no fogareiro, porque elas não têm condições de comprar o gás.

Então é muito peculiar perguntarem se é um avanço o aumento do número de pessoas negras na universidade. Se isso aconteceu foi porque derrubamos, aos socos e pontapés, a porta da universidade que nos era fechadas. E foi preciso fazê-lo aos socos e pontapés, senão continuaríamos sendo um país onde apenas 2% de pessoas negras ocupam o ensino superior. Era esse o diagnóstico quando o sistema de cotas foi aprovado, o que se via com absoluta normalidade.

* No dia 9 de agosto de 2021, a coluna Painel S.A., da *Folha de S.Paulo*, divulgou a notícia de que o ultraprocessado "Miojo" deveria impulsionar vendas do setor de massas em 2021. A notícia teve repercussão negativa pela naturalização do ultraprocessado como parte da categoria de massas e a ausência de uma problematização mais aprofundada sobre o aumento da insegurança alimentar, que leva a população de baixa renda a substituir uma alimentação adequada e saudável por produtos com pouca ou nenhuma função de alimento. Disponível em: <www1.folha.uol.com.br/colunas/painelsa/2021/08/miojo-deve-impulsionar-vendas-do-setor-de-massas-em-2021-diz-associacao.shtml>. Acesso em: 10 abr. 2023.

Com isso, faço um chamado às pessoas para que observem. E, mais do que isso, para se posicionarem. Quando nos deparamos com o ministro da Educação dizendo que a universidade no Brasil deveria ser para poucos, o sentido é: "a universidade no Brasil deveria ser para brancos". Quando os brancos ouvem isso e não se manifestam, estão sendo anuentes, e, em última análise, estão dizendo que deu de preto na universidade!

Diante desses retrocessos é necessário pensar como coletivo, como sociedade. Entender, de uma vez por todas, que a situação política, social, financeira, econômica e cultural do negro no Brasil é a situação do Brasil. Se a maioria da população negra passa fome, o Brasil passa fome. Se a maioria da população brasileira vive sob a égide de um terror racial, significa que este país vive sob a égide de um terror racial.

Não é mais possível achar que o problema do racismo é um problema do negro; continuar entendendo a branquitude como uma identidade, uma contraposição à negritude, pervertendo e esvaziando o conceito de sentido.

Precisamos de fato aprofundar nossas análises, aprofundar os estudos, ouvir mais e, sobretudo, nos responsabilizar coletivamente para colocar este país nos eixos.

Ronilso Pacheco

A questão da fome, mencionada por Winnie, tem sido uma causa importante da Coalizão Negra. Quando penso nesse retrocesso, lembro muito de um trecho do livro *Ponciá Vicêncio*,* de Conceição Evaristo. Ponciá Vicêncio tinha sete filhos, e os sete morreram. Na morte dos primeiros, ela sofria muito, sentia muita dor. Depois, nos seguintes, passou a refletir que seria um ganho se ele morresse, porque, olhando ao redor, não tinham

* Conceição Evaristo, *Ponciá Vicêncio*. Rio de Janeiro: Pallas, 2003.

nada. Se ele sobrevivesse, só sobreviveria. Não tinham nada, porque os brancos eram donos de tudo: da casa, das terras, do açúcar, do café, do trabalho, de tudo. O que os negros tinham? A miséria, a escravidão, a fome... Então, pensando bem, se eles não sobrevivesse, seria um ganho.

Esse livro poderia se encaixar muito bem na categoria de realismo fantástico da literatura latino-americana, mas, tristemente, é a realidade brasileira. Nós chegamos nesse lugar. É emblemático. Não só da morte por fome, mas da morte por diversas razões em que isso é considerável. Viver em uma condição tão precária, em que a violência está à porta todos os dias. É comum recebermos relatos, ouvirmos e recebermos áudios sobre crianças que são impedidas de brincar na varanda de casa, porque a varanda de casa já é um lugar perigoso. Elas têm que brincar dentro de casa ou dentro da escola, em espaços reservados, porque mesmo eles já são perigosos. Isso é uma vida extremamente precária.

Nas condições em que estamos, ao discutir as conquistas por meio da consciência de algumas empresas que abriram poucos espaços para as pessoas negras, me parece necessário pensarmos na chave da distinção entre o que é arrependimento e o que é marketing. Essas empresas só precisam ser justas e não orientadas por uma política racista.

Quando isso não é feito dessa forma, mas, ao contrário, quando algo pensado estrategicamente para contemplar uma determinada porcentagem da sociedade é anunciado como uma grande conquista ou contribuição para a luta antirracista, não sei o quanto nós estamos avançando ou o quanto essa tragédia está sendo cada vez mais comercializada, cada vez mais fetichizada.

Nosso desafio continua, porque mesmo com tais propostas, o mundo mudou muito pouco. Pode ser que a maior presença de jornalistas negros seja significativa, mas essas decisões não são tomadas pelas pessoas negras. São tomadas pelas pessoas do outro lado da fronteira da branquitude, as quais têm o poder de decidir o que pode ou não ser feito.

Não é tempo de arrefecer a nossa luta por essas pequenas conquistas. Esses nomes, esses rostos, são cuidadosamente pensados. Que tipo de representações podem ter? Que tipo de grupos podem alcançar?

Esse é o debate que é feito nos Estados Unidos. O Brasil ainda está longe disso. Até para pensar de maneira estratégica, o Brasil é tão tacanho e tão racista... Por exemplo, depois do assassinato de George Floyd, vimos diversas empresas norte-americanas repensarem seu patrocínio, pressionando as redes sociais a se posicionarem. As grandes empresas no Brasil ficam quietas, silenciosas, tendo como base somente o próprio valor.

Precisamos olhar para esse nível de frieza, e observar se há arrependimento, autocrítica, marketing ou algum tipo de ganho em meio a toda essa tragédia.

Apesar de ser uma situação trágica, a esperança permanece com as pessoas negras, que sempre sobreviveram, que sempre conseguiram superar, inventar formas de resistir; que sabotaram todos os projetos de execução e de eliminação de sua população ao longo da história. Trata-se de uma história tão pesada, que a tergiversamos de diversas formas. Mas é a história real.

Todas essas pequenas concessões ainda são uma forma de capitalizar, de ser um fetiche para muitas empresas, organizações e fundações. Então ainda precisamos fazer um debate muito frio. Há pessoas negras para ouvirmos, coragem para encarar o Brasil enquanto país, enquanto sociedade, para poder pensar políticas, inclusive as das empresas, fundações e organizações.

É preciso juntar a coragem e a frieza com a ideia da insurgência e da revolta da Winnie. Frieza no sentido de encarar esse debate com todas as dores e contradições que ele carrega.

Lia Vainer Schucman
Agradeço ao Ronilso e à Winnie por essas falas. Levarei para a vida algumas frases que vocês disseram, como por exemplo: "O problema do negro no Brasil é o problema do Brasil". E, de fato, não é possível pensar em igualdade, muito menos em democracia, sem a questão racial estar no centro do debate. Como a Coalizão Negra por Direitos aponta: "Enquanto houver racismo não haverá democracia".

Winnie Bueno
Eu também queria aproveitar para convidá-los não só a conhecerem a Coalizão Negra por Direitos, como a contribuírem com a campanha "Tem gente com fome", que é uma iniciativa muito importante nesse momento.

E também a conhecerem a Winnieteca, um projeto no Twitter de distribuição de livros no qual trabalho, porque além de fome, as pessoas têm sede de conhecimento. E o acesso ao conhecimento para a população negra ainda é muito restrito. Aqueles e aquelas que puderem contribuir, terão a oportunidade de adotar o pedido de livro de uma pessoa negra e enviá-lo para que essa pessoa possa ler.

Espero que daqui consigamos semear bons frutos para a construção de um país mais justo, de instituições mais justas e de uma democracia que seja de fato democracia.

Ronilso Pacheco
Fortaleço esse apelo da Winnie com relação à literatura. A literatura foi muito importante para mim e tem sido muito im-

portante para a Olívia, minha filha — tenho lido para ela com certa regularidade — porque ela tem um papel importante na nossa formação crítica e na imaginação, coisas que são muito tolhidas da população negra. Temos o direito de ter contato com a ficção, com a poesia, e não só com as ciências sociais que a universidade proporciona em enxurrada.

POSFÁCIO

Afinal, para que estudamos branquitude?

LIA VAINER SCHUCMAN

Ao finalizar a leitura deste livro, a questão central que parece ser colocada para entender os estudos críticos da branquitude é que eles devem estar articulados com o antirracismo. É preciso deixar evidente que não há absolutamente nada imanente nas pessoas negras ou indígenas que justifique a injustiça em que estão inseridas local e globalmente. Ou seja, não é a compreensão dos grupos aviltados que pode nos proporcionar a chave para o desmantelamento das desigualdades, mas sim a compreensão da dominação, da expropriação, do extrativismo e, portanto, do racismo que se faz urgente. E não há como apreender a dominação sem colocar em xeque a ideologia e o grupo que se beneficia desta: a branquitude e as pessoas brancas.

Não foi nosso interesse, ao montar o seminário que deu origem a esta publicação, caracterizar ou classificar a branquitude para fins puramente conceituais e teóricos, mas sim para fazer ruir as condições de sua constante reprodução. Assim, as falas aqui registradas procuraram expor quais mecanismos ideológicos, práticas individuais e institucionais estão em jogo e asseguram aos brancos a ocupação de posições mais altas na hierarquia social, sem que isso seja encarado como privilégio racial. Nesse sentido, é preciso desvelar quais crenças, discursos e atitudes os sujeitos brancos produzem e reproduzem para que sejam beneficiados na estrutura social e, ao mesmo tempo, desresponsabilizem-se e se isentem dos problemas advindos da injustiça social que afetam os negros e os indígenas em nosso país.

Por consequência, a questão que está posta para a luta antirracista não é a de julgamento moral. O processo de identificação da perpetuação do racismo, em si mesmo, deve desarmar os sujeitos, destrinchá-los para que se reconstrua um novo sistema, sem que eles se valham do que Robin DiAngelo apontou em sua fala como fragilidade branca. É necessário que cada um de nós saiba o que é possível alterar nessa configuração dentro de uma estrutura racista. É imprescindível perceber que não é possível uma engrenagem existir, ou seja, uma estrutura racista, sem indivíduos que a sustentem diariamente. Assim, há na luta antirracista diferentes frentes a serem trabalhadas, e uma delas é o processo de identificação individual, de nossa responsabilidade e participação. Trata-se de um processo em que o ator social deve ser agente de mudanças, estar ligado a uma tomada de posição sobre o racismo. Somente desse modo se produzirão novos sentidos para o que significa ser branco e o que significa ser negro. No entanto, como sabemos, essa não é uma frente que pode ser vencida individualmente ou apenas com conscientização. O processo de identificação e reconhecimento por si só não derruba o privilégio branco, tampouco as desvantagens estruturais que negros experienciam em nossa sociedade.

A compreensão é o passo inicial para uma mobilização. Nessa mobilização, o entendimento do racismo como sistêmico — e, portanto, como parte das instituições — é fundamental para que as ações sejam mais sólidas. Deve-se pensar em modos de intervir em cada uma das instituições em que estamos presentes: família, escola, universidade, empresas, trabalho, igrejas, Estado etc. Em cada uma delas é necessário quebrar o eurocentrismo e o pacto da branquitude, apontado na fala de Cida Bento, que se caracteriza principalmente pela negação do problema racial, pelo silenciamento, pela interdição de negros em espaços de decisão e poder — ou seja, pelo permanente esforço de exclusão moral, afetiva, econômica e política do negro dentro dessas instituições que estruturam nossa sociedade. Ou, como tão bem apontaram Thula Pires e Jurema Werneck ao explicar o racismo institucional: a polícia é uma instituição racista, mas alguém, um indivíduo, é responsável por apertar o gatilho, e aqui é onde mora a resposta para uma das perguntas fundamentais colocadas no seminário: O que podem os indivíduos diante da estrutura racista? Se não houvesse sujeitos apertando gatilhos injustamente para pessoas negras, poderia a instituição ser racista?

Se por um lado o Brasil que encontramos hoje propicia muito mais oportunidades para mudança, fruto de luta de movimentos negros e sociedade civil engajada no tema, ele também é muito mais conservador e hostil do que no início da década de 2000, produto da cultura de ódio e preconceito que vivemos nos últimos anos. No entanto, começamos 2023 com a possibilidade aberta para a reconstrução do país, e cada setor da sociedade tem um tijolo a colocar nessa obra. É imprescindível, como vimos na conversa entre Liv Sovik e Tiago Rogero, o papel da comunicação na construção do reconhecimento do antirracismo e da representatividade negra na mídia. Seja na educação, na saúde, no mundo do trabalho, seja na participação política, é urgente pensar em oportunidades mais equânimes, o que torna fundamentais as ações afirmativas.

Sueli Carneiro é assertiva quando diz que as pessoas brancas são todas elas beneficiadas desse sistema, dessa máquina de reprodução de desigualdades, dessa máquina de produção de privilégios, mas é vital que não sejamos também signatários. Lutar contra o racismo deve ser um princípio ético de qualquer cidadão brasileiro e de todas as instituições que tenham para si o desejo de um Brasil verdadeiramente democrático, uma vez que a ideologia racista tem em seu âmago a negação do princípio sobre o qual se pode sonhar com a construção de um país digno para todos que nele habitam: igualdade e solidariedade garantidas pela ideia de humanidade. A branquitude é produto e resultado de nossa história de dominação colonial, e somente com uma sociedade que desmonte suas hierarquias, e na qual absolutamente todas as vidas humanas tenham exatamente o mesmo valor, a brancura da pele poderá se tornar apenas uma característica da diversidade de fenótipos humanos e não um lugar de poder.

Sobre os autores e autoras

ANA PAULA LISBOA é a mais velha de quatro irmãos, filha de dois pretos. Favelada e carioca de nascimento, atualmente divide a vida entre o Rio de Janeiro e Luanda, onde dirige a Aláfia e a Casa Rede, espaços de produção de arte e cultura na capital angolana. Escritora desde os catorze anos, se define como artista textual, utilizando da palavra escrita e falada, sempre no desejo da visibilização da narrativa e gramática negra no mundo. Ana escreve para a newsletter *Cabeça de Sardinha* do Segundo Caderno do jornal *O Globo*.

BIANCA SANTANA é jornalista e escritora. Doutora em ciência da informação e mestre em educação pela Universidade de São Paulo. Autora de *Quando me descobri negra*, de *Continuo preta: a vida de Sueli Carneiro* e de *Arruda e guiné: resistência negra no Brasil contemporâneo*. É diretora-executiva da Casa Sueli Carneiro.

CIDA BENTO é diretora do Centro de Estudos das Relações de Trabalho e Desigualdades (CEERT). Ela é doutora em psicologia pela Universidade de São Paulo (USP), onde formulou a tese *Pactos narcísicos no racismo: branquitude e poder nas organiza-*

ções empresariais e no poder público, e é professora visitante na Universidade do Texas, nos Estados Unidos. Estuda a questão racial e a discute a partir do lugar da branquitude.

DEIVISON FAUSTINO é doutor em sociologia pela Universidade Federal de São Carlos (UFSCar), mestre em ciências da saúde/epidemiologia pela Faculdade de Medicina do ABC, professor adjunto da Universidade Federal de São Paulo (Unifesp) no campus Baixada Santista. Foi professor visitante na Universidade de Connecticut, e é coordenador pedagógico do Instituto AMMA Psique e Negritude. É autor do livro *Frantz Fanon: um revolucionário particularmente negro*.

JUREMA WERNECK é médica, autora e doutora em comunicação e cultura pela Universidade Federal do Rio de Janeiro (UFRJ). Ativista do movimento de mulheres negras brasileiras, da saúde da população negra e dos direitos humanos, é diretora executiva da Anistia Internacional Brasil desde 2017. Em 2000, organizou, juntamente com Maisa Mendonça e Evelyn C. White, *O livro da saúde das mulheres negras: nossos passos vêm de longe*.

LIA VAINER SCHUCMAN é professora adjunta da Universidade Federal de Santa Catarina (UFSC) e doutora em psicologia social pela Universidade de São Paulo (USP), com estágio e doutoramento pela Universidade da Califórnia. É autora dos livros *Entre o encardido, o branco e o branquíssimo: branquitude, hierarquia e poder na cidade de São Paulo* e *Famílias inter-raciais: tensões entre cor e amor*.

LIV SOVIK é professora titular da Escola de Comunicação da Universidade Federal do Rio de Janeiro (UFRJ). É formada em letras (língua inglesa), em Yale, e é doutora em ciências da comunicação pela Universidade de São Paulo (USP). Foi pesquisadora visitante em Goldsmith, Universidade de Londres, e na Universidade de Columbia, em Nova York. Organizou a coletânea de trabalhos de Stuart Hall: *Da diáspora: identidades e mediações culturais*. É autora de *Aqui ninguém é branco* e de *Tropicália Rex: música popular e cultura brasileira*.

LOURENÇO CARDOSO é doutor em ciências sociais pela Universidade Estadual Paulista (Unesp), campus de Araraquara. Mestre em sociologia pela Universidade de Coimbra, professor da Universidade da Integração Internacional da Lusofonia Afro-Brasileira (Unilab). É co-organizador do livro *Branquitude: estudos sobre a identidade branca no Brasil* e autor de *O branco ante a rebeldia do desejo: um estudo sobre o pesquisador branco que possui o negro como objeto científico tradicional. A branquitude acadêmica. Volume 2.*

LUCIANA BRITO é professora adjunta do curso de graduação e pós-graduação em história da Universidade Federal do Recôncavo da Bahia. Possui doutorado em história pela Universidade de São Paulo com estágio doutoral pela New York University, e pós-doutorado pela City University of New York. Desenvolve pesquisas sobre escravidão, abolição e relações raciais no Brasil e Estados Unidos. É autora do livro *Temores da África: segurança, legislação e população africana na Bahia oitocentista*, ganhador do prêmio Thomas Skidmore de 2019. É colunista no *Nexo Jornal*.

ROBIN DIANGELO é professora associada de educação na Universidade de Washington. Ela possui dois doutorados honorários e foi duas vezes vencedora do Student's Choice Award para educadora do ano na Escola de Serviço Social da Universidade de Washington. Tem inúmeras publicações e livros. Em 2011, cunhou o termo "fragilidade branca" em um artigo acadêmico que influenciou o diálogo internacional sobre raça. Seu livro, *Não basta não ser racista: sejamos antirracistas*, foi lançado em junho de 2018 nos Estados Unidos e estreou na lista de best-sellers do *New York Times*, onde permanece. O livro agora está sendo traduzido para dez idiomas. Além de seu trabalho acadêmico, DiAngelo é consultora e educadora há mais de vinte anos em questões de justiça social e racial.

RONILSO PACHECO é teólogo pela PUC-Rio, ativista e escritor. É pesquisador e mestrando no Union Theological Seminary, na Universidade Columbia, em Nova York, e autor de *Teologia negra: o sopro antirracista do espírito*, *Profetismo: utopia e insurgência* e *Ocupar, resistir, subverter*. É colunista do UOL e *fellow* da Ford Foundation Global Fellowship.

SUELI CARNEIRO é filósofa, doutora em educação pela Universidade de São Paulo (USP) e coordenadora-executiva do Geledés Instituto da Mulher Negra. É ativista feminista e antirracista, autora de diversos artigos sobre questões de gênero, raça e direitos humanos, em publicações nacionais e internacionais. Seu livro mais recente é *Dispositivo de racialidade* (Zahar, 2023).

THIAGO DE SOUZA AMPARO é professor das faculdades de direito e relações internacionais da Fundação Getulio Vargas (FGV), ministrando cursos sobre direitos humanos, antidiscriminação e direito internacional. É mestre e doutor em direito pela Central European University, em Budapeste, e foi professor visitante na Universidade de Columbia, em Nova York. É colunista da *Folha de S.Paulo*, onde integra o Conselho Editorial. Fundou e coordena o Núcleo de Justiça Racial e Direito da FGV Direito SP.

THULA PIRES é mulher preta de axé. Mãe da Dandara e bailarina. Doutora em direito pela Pontifícia Universidade Católica do

Rio de Janeiro (PUC-Rio), onde atua como professora adjunta de direito constitucional e coordena o Núcleo Interdisciplinar de Reflexão e Memória Afrodescendente (Nirema). É professora visitante do African Gender Institute, da Universidade de Cape Town. É integrante do Conselho do Instituto Crime e Sociedade, da Assembleia Geral da Anistia Internacional no Brasil e é associada à Criola.

TIAGO ROGERO é jornalista. Criador e coordenador do *Projeto Querino*, publicado em podcast (produzido pela Rádio Novelo) e em matérias na revista *piauí*. Gerente de criação na Rádio Novelo. Foi repórter de *O Globo*, *O Estado de S. Paulo* e *BandNews FM*. Diretor da Associação Brasileira de Jornalismo Investigativo (Abraji) no biênio 2022-2023. Idealizador e apresentador dos podcasts narrativos *Vidas Negras* (original Spotify, produzido pela Rádio Novelo), que foi finalista do Third Coast International Audio Festival de 2021, e *Negra Voz* (pelo jornal *O Globo*), vencedor do 42º Prêmio Jornalístico Vladimir Herzog em 2020.

WINNIE BUENO é ialorixá, bacharel em direito pela Universidade Federal de Pelotas, no Rio Grande do Sul; mestre em direito pela Unisinos na linha de pesquisa "sociedade, novos direitos e transnacionalização"; doutoranda em sociologia pelo programa de pós-graduação em sociologia da UFRGS. É idealizadora do projeto Winnieteca, plataforma de distribuição de livros para pessoas negras, desenvolvido em parceria com o Twitter Brasil e Geledés, colaboradora junto aos movimentos sociais voltados às questões raciais, de gênero, direitos humanos, intolerância religiosa e ao pensamento e feminismo negro. Autora do livro *Imagens de controle*, atua como consultora para o combate ao racismo, diversidade de gênero e justiça social. Também é colunista do site Itaú Cultural e da revista *Gama*.

Referências bibliográficas

BENTO, Maria Aparecida Silva. “Branqueamento e branquitude no Brasil”. In: CARONE, Iray e BENTO, Maria Aparecida Silva (Orgs.). *Psicologia social do racismo: estudos sobre branquitude e branqueamento no Brasil*. Petrópolis: Vozes, 2002, pp. 25-58.

______. *O pacto da branquitude*. São Paulo: Companhia das Letras 2022.

BLACK, Charles L. “My World with Louis Armstrong”. *The Yale Law Journal*. v. 95, n. 8, pp. 1595-1600, 1986. Disponível em: <digitalcommons.law.yale.edu/fss_papers/2532>. Acesso em: 29 nov. 2022.

BLANC, Aldir; VIGNOLI, Jayme. “Sem essa de malandro agulha”. In: PAGODINHO, Zeca. *Zeca Pagodinho*. Rio de Janeiro: PolyGram, 1998, faixa 8 (3 min).

BRASIL. *Anais da República*, 1914. Texto disponível em: <www.senado.leg.br/publicacoes/anais/pdf/Anais_Republica/1914/1914%20Livro%207.pdf>. Acesso em: 29 nov. 2022.

CARDOSO, Lourenço. “Branquitude acrítica e crítica: a supremacia racial e o branco antirracista”. *Revista Latinoamericana de Ciencias Sociales, Niñez y Juventud*, Manizales, v. 8, n. 1, pp. 607-30, 2010.

______. *O branco ante a rebeldia do desejo: um estudo sobre o pesquisador branco que possui o negro como objeto científico tradicional. A branquitude acadêmica*, v. 2. Curitiba: Appris, 2020.

CARVALHO, Pedro. “‘Ano que vem, o ensino será novamente híbrido’, diz diretor do Bandeirantes”. *Veja São Paulo*, 23 out. 2020. Disponível em: <vejasp.abril.com.br/cidades/ensino-hibrido-diretor-bandeirantes/>. Acesso em: 16 jan. 2023.

COATES, Ta-Nehise. *Entre o mundo e eu.* Rio de Janeiro: Objetiva, 2015.

COLLINS, Patricia Hill. *Pensamento feminista negro: conhecimento, consciência e a política do empoderamento.* São Paulo: Boitempo, 2019.

COMPARATO, Fábio Konder. "Entrevista", *Portal Geledés*, 10 out. 2009. Disponível em: <www.geledes.org.br/entrevista-com-fabio-konder-comparato>. Acesso em: 25 nov. 2022.

CUTI. *E disse o velho militante José Correia Leite.* São Paulo: Secretaria Municipal de Cultura, 1992.

DIANGELO, Robin. *Não basta não ser racista: sejamos antirracistas.* São Paulo: Faro Editorial, 2018.

DOUGLASS, Frederick. *A jornada de um escravo fugitivo.* Tradução de Karine Ribeiro. São Caetano do Sul: Wish, 2020.

DU BOIS, W.E.B. *As almas do povo negro.* São Paulo: Veneta, 2021.

EVARISTO, Conceição. *Ponciá Vicêncio.* Rio de Janeiro: Pallas, 2003.

FANON, Franz. *Pele negra, máscaras brancas.* Tradução de Renato da Silveira. Salvador: EDUFBA, 2008.

FAUSTINO, Deivison. *A disputa em torno de Frantz Fanon: a teoria e a política dos fanonismos contemporâneos.* São Paulo: Intermeios, 2020.

FERNANDES, Florestan. *Circuito fechado: quatro ensaios sobre o poder institucional.* São Paulo: Hucitec, 1976.

G1 RORAIMA. "Alvo de operação da PF sobre coronavírus, senador Chico Rodrigues tentou esconder dinheiro na cueca", 14 out. 2020. Disponível em: <https://g1.globo.com/rr/roraima/noticia/2020/10/14/operacao-da-pf-mira-esquema-de-desvio-de-recursos-destinados-ao-combate-do-coronavirus-em-rr.ghtml>. Acesso em: 23 nov. 2022.

GÓES, Weber Lopes. *Racismo e eugenia no pensamento conservador brasileiro: a proposta de povo em Renato Kehl.* São Paulo: Liber Ars, 2018.

GOLIN, Tau. "Os cotistas desagradecidos". *Portal Geledés*, 7 jun. 2014. Disponível em: <www.geledes.org.br/os-cotistas-desagradecidos>. Acesso em: 23 nov. 2022.

GONÇALVES, Ana Maria. *Um defeito de cor.* Rio de Janeiro: Record, 2006.

GONZALEZ, Lélia. "Racismo e sexismo na cultura Brasileira". *IV Encontro Anual da Associação Brasileira de Pós-Graduação e Pesquisa nas Ciências Sociais*, Rio de Janeiro, 31 out. 1980. Disponível em: <circuito.ubueditora.com.br/racismo-e-sexismo>. Acesso em: 30 nov. 2022.

GONZÁLEZ, Susan L. "In Memoriam: Charles L. Black, Jr". *Yale Law Report*, v. 48, n. 2, 2001. Disponível em: https://law.yale.edu/yls-today/news/memorial-service-prof-charles-black-sunday-january-27. Acesso em: 29 nov. 2022.

GREENWOOD, Brad et al., "Physician-patient Racial Concordance and Disparities in Birthing Mortality for Newborns". *Proceedings of the National Academy of Sciences of the United States of America*, Washington, DC, v. 117, n. 35, pp. 21194-200, 2020.

JACOBS, Harriet Ann. *Incidentes na vida de uma menina escrava*. Trad. de Ana Ban. São Paulo: Todavia, 2019.

LOBATO, Monteiro. *O presidente negro*. São Paulo: Biblioteca Azul, 2008.

LOPES, Juliana Araújo. *Constitucionalismo brasileiro em pretuguês: trabalhadoras domésticas e lutas por direitos*. Dissertação (mestrado). Brasília: Faculdade de Direito da UnB, 2020.

LUTHER KING, Martin. "Eu tenho um sonho". *Portal Geledés*. Disponível em: <www.geledes.org.br/qeu-tenho-um-sonho/>. Acesso em: 17 jan. 2023.

MELO NETO, João Cabral de. *Morte e vida severina*. Rio de Janeiro: Alfaguara, 2007.

MENA, Fernanda. "'É irônico as pessoas brancas serem tão sensíveis a falar de raça', diz autora de livro sobre antirracismo". *Folha de S.Paulo*, 24 out. 2020. Disponível em: <www1.folha.uol.com.br/cotidiano/2020/10/e-ironico-as-pessoas-brancas-serem-tao-sensiveis-a-falar-de-raca-diz-autora-de-livro-sobre-antirracismo.shtml>. Acesso em: 12 jan. 2023.

MILLS, Charles W. *The Racial Contract*. Nova York: Cornell University Press, 1999.

NASSIF, Maria Inês. "'É a ditadura do politicamente correto', diz Torres". *Valor Econômico*, 5 mar. 2010. Disponível em: <www2.senado.leg.br/bdsf/bitstream/handle/id/460899/noticia.htm?sequence=1>. Acesso em: 23 nov. 2022.

NERIS, Natália. *A voz e a palavra do movimento negro na Constituinte de 1988*. Belo Horizonte: Casa do Direito, 2018.

PIZA, Edith. "Branco no Brasil? Ninguém sabe, ninguém viu...". In: HUNTLEY, Lynn Walker e GUIMARÃES, Antônio Sérgio Alfredo (Orgs.). *Tirando a máscara: ensaios sobre o racismo no Brasil*. São Paulo: Paz e Terra, 2000.

QUEIROZ, Marcos Vinícius Lustosa. *Constitucionalismo brasileiro e o Atlântico negro: a experiência constituinte de 1823 diante da Revolução Haitiana*. Rio de Janeiro: Lumen Juris, 2018.

RAMOS, Guerreiro. *A redução sociológica*. Rio de Janeiro: Ed. UFRJ, 1996.

RODRIGUES, José Rodrigo. *Fuga do Direito: um estudo sobre o direito contemporâneo a partir de Franz Neumann*. São Paulo: Saraiva, 2012.

______. *Como decidem as cortes? Para uma crítica do Direito.* Rio de Janeiro: Editora FGV, 2013.

______. *À esquerda do Direito: em fragmentos.* São Paulo: Alameda Editorial, 2014.

SANTOS, Ernesto Joaquim Maria dos; ALMEIDA, Mauro de. "Pelo telefone". In: DA VILA, Martinho, *Origens (Pelo Telefone)*. Nova York: Sony Music, 1973, faixa 7 (2:29 min).

SANTOS, Helio. *A busca de um caminho para o Brasil: a trilha do círculo vicioso.* São Paulo: Senac, 2001.

SCHUCMAN, Lia Vainer. *Famílias inter-raciais: tensões entre cor e amor*. São Paulo: Fósforo, no prelo.

SOVIK, Liv. *Aqui ninguém é branco*. Rio de Janeiro: Aeroplano, 2009.

TAVARES, Júlio. "Colonialidade do poder, cooperação internacional e racismo cognitivo: desafios ao desenvolvimento internacional compartilhado". In: D'ADESKY, Jacques e SOUZA, Marcos Teixeira de. *Afro-Brasil: debates e pensamentos*. Rio de Janeiro: Cassará, 2015, pp. 312-39.

VIEIRA, Oscar Vilhena. "Perverso pacto racial". *Folha de S.Paulo*, 14 ago. 2020. Disponível em: <www1.folha.uol.com.br/colunas/oscarvilhenavieira/2020/08/perverso-pacto-racial.shtml>. Acesso em: 25 nov. 2022.

WINDDANCE TWINE, France. *A White Side of Black Britain: Interracial Intimacy and Racial Literacy*. Carolina do Norte: Duke University Press, 2010.

Sugestões de leitura

ALMEIDA, Silvio. *Racismo estrutural: coleção Feminismos Plurais*. São Paulo: Jandaíra, 2020.

AMPARO, Thiago. *Cercas farpadas entre o mundo e eu: transitar entre espaços excludentes para pessoas negras e LGBTQ+ implica a constante necessidade de validação*. 2020. Disponível em: <bit.ly/3AUSsW8>.

BENTO, Maria Aparecida Silva (Org.). *Ação afirmativa e diversidade no trabalho: desafios e perspectivas*. São Paulo: Casa do Psicólogo, 2000.

______. (Org.). "A cor do silêncio". *Ashoka empreendedores sociais: racismos contemporâneos*. Rio de Janeiro: Takano, 2003, v. 1, pp. 99-110.

______. "Experiências inovadoras de maximização das oportunidades de trabalho para negros e mulheres". In: SILVA JUNIOR, Hédio (Org.). *O papel da cor/ raça/ etnia nas políticas públicas de promoção da igualdade*. São Paulo: Ceert, 2003, pp. 10-32.

______; CARONE, Iray (Orgs.). *Psicologia social do racismo: estudos sobre branquitude e branqueamento no Brasil*. 3. ed. Petrópolis: Vozes, 2007.

______; GUIMARÃES, Antônio Sergio Alfredo; HUNTLEY, Lynn. "Racismo no trabalho: o movimento sindical e o Estado". In: GUIMARÃES, Antônio Sergio Alfredo; HUNTLEY, Lynn (Orgs.). *Tirando a máscara: ensaio sobre o racismo no Brasil*. 1. ed. São Paulo: Paz e Terra, 2000, v. 1, pp. 325-42.

BHABHA, Homi K. *O local da cultura*. Trad. de Myriam Ávila, Eliana Lourenço de Lima Reis, Gláucia Renate Gonçalves. Belo Horizonte: Editora UFMG, 2018.

BORGES, Juliana. *Encarceramento em massa: coleção Feminismos Plurais*. São Paulo: Jandaíra, 2020.

BRITO, Luciana da Cruz. *Temores da África: segurança, legislação e população africana na Bahia oitocentista.* 1. ed. Salvador: EDUFBA, 2016, v. 1.

______; GOMES, Flávio dos Santos; SCHWARCZ, Lilia M. (Orgs.). *Dicionário da escravidão e liberdade.* 1. ed. São Paulo: Companhia das Letras, 2018, v. 1.

______. "Um paraíso escravista na América do Sul: raça e escravidão sob o olhar de imigrantes confederados no Brasil oitocentista". *Revista de História Comparada,* Rio de Janeiro: PPGHC-UFRJ, 2015, v. 9, pp. 145-73.

______. *Tópicos sobre a história do negro na sociedade brasileira.* 2. ed. Cuiabá: Nepre, 2014, v. 4.

______. "A Nation of Blended Colors: African-American Abolitionists and their Perspectives on Race Relations in Nineteenth Century Brazil (Forthcoming)". In: ROCHA, Elaine; BEZERRA, Nielson; GOODRIDGE, Richard (Orgs.). *Another Black Like Me: The Construction of Identities and Solidarity in the African Diaspora.* Newcastle upon Tyne: Cambridge Scholars Publishing, 2013.

______. "A legalidade como estratégia: africanos que questionaram a repressão das leis baianas na primeira metade do século XIX". *História Social,* Campinas: Unicamp, 2009, v. 16, pp. 15-27.

CARDOSO, Lourenço. "Branquitude e justiça: análise sociológica através de uma fonte jurídica: documento técnico ou talvez político?". *Journal of Hispanic and Lusophone Whiteness Studies,* v. 1, n. 6, 2020.

______. "A branquitude acadêmica, a invisibilização da produção científica negra e o objetivo-fim". In: GÓES, Luciano (Org.). *130 anos de (des)ilusão: a farsa abolicionista em perspectiva desde olhares marginalizados.* 1. ed. Belo Horizonte: Editora D' Plácito, 2018, v. 1, pp. 295-311.

______ et al. (Orgs.). *Branquitude: estudos sobre a identidade branca no Brasil.* Curitiba: Appris Editora, 2018.

______. "O modo de pensar da razão dual racial: a branquitude e o mestiço--lacuna". *Revista Debates Insubmissos,* v. 1, pp. 33-47, 2018.

______. "A branquitude acrítica revisitada e as críticas". In: MÜLLER, Tania Mara Pedroso (Org.). *Branquitude: estudos sobre a identidade branca no Brasil.* 1. ed. Curitiba: Appris Editora, 2017, pp. 33-52.

______. "O branco não branco e o branco-branco". In: MÜLLER, Tania Mara Pedroso (Org.). *Branquitude: estudos sobre a identidade branca no Brasil.* 1. ed. Curitiba: Appris Editora, 2017, pp. 175-95.

______. "A branquitude acrítica revisitada e a branquidade". *Revista da Associação Brasileira de Pesquisadores(as) Negros(as): ABPN,* v. 6, pp. 88-106, 2014.

______. *O branco "invisível": um estudo sobre a emergência da branquitude nas pesquisas sobre as relações raciais no Brasil (Período: 1957-2007).*

Dissertação (mestrado), Faculdade de Economia e Centro de Estudos Sociais da Universidade de Coimbra. Coimbra, 2008.

BUENO, Winnie. *Itaú Cultural: ativos escritos*. Disponível em: <bit.ly/3pc4Mwo>. Acesso em: 10 mar. 2023.

______. *Revista Gama: coluna Winnie Bueno.* Disponível em: <bit.ly/3De27XH>. Acesso em: 10 mar. 2023.

______; COLLARES, Lanna. (Orgs.). *Aquelas cartas.* Porto Alegre: Zouk, 2020.

______. *Imagens de controle.* Porto Alegre: Zouk, 2020.

______; DUARTE, Andressa Mourão; FERREIRA, Guilherme Gomes; GARCIA, Tamires de Oliveira; BURIGO, Joanna; IGNACIO, Tayná (Orgs.). *Tem saída?: perspectivas LGBTI+ sobre o Brasil*. Porto Alegre: Zouk, 2020.

______; RODRIGUES, José Rodrigo. "Legalidade discriminatória e direito à alimentação sagrada". *Revista Direito e Práxis*. Rio de Janeiro, v. 11, n. 3, pp. 1597-1623, jan. 2020.

______; BURIGO, Joana. "Possibilidades e limites da utilização do Facebook como uma ferramenta de construção de diálogos e saberes entre mulheres". *Interfaces Científicas Humanas e Sociais*, Aracaju, pp. 81-92, dez. 2019.

______; KOSBY, Marília Floôr. "Belo sangue jorrado: uma ave viva no despacho, corporalidades negras, diásporas". *Tessituras: Revista de Antropologia e Arqueologia*, Pelotas, v. 7, n. 2, pp. 49-69, jul. 2019.

______; RECK, Janriê Rodrigues. "Agir comunicativo e interseccionalidade: interpretações introdutórias do pensamento de Habermas a partir de Frantz Fanon e Patricia Hill Collins para a construção de serviços públicos adequados". *Revista Direito e Paz*, Lorena, v. 1, n. 40, pp. 146-61, jul. 2019.

______. "Repensando a interseccionalidade". In: PIMENTEL, Elaine; DORVILLÉ, Elita Morais (Orgs.). *Mulheres, feminismos e interseccionalidade nas ciências criminais.* Alagoas: Edufal, 2019, pp. 183-9.

______. "Uma avó e suas receitas para alimentar sobrevivências". In: SANTANA, Bianca (Org.). *Inovação ancestral de mulheres negras: táticas e políticas do cotidiano*. São Paulo: Imantra Comunicação, 2019, pp. 183-9.

______. "Considerações sobre a alimentação sagrada nos rituais religiosos de matriz africana e os pressupostos da laicidade estatal". In: SANTOS, Gustavo Ferreira; TEIXEIRA, João Paulo Allain; SPAREMBERGER, Raquel F. L.; RIBEIRO, Bernard Constantino (Orgs.). *Direito, subalternidade e decolonialidade*. Alagoas: Editora Fi, 2018, pp. 193-211.

______; LUANE, Sthéfani. "Celebramos mulheres, mas não sua cor". *Carta Capital*. São Paulo, 4 out. 2018.

______; PEREIRA, Luana. “A interseccionalidade como ferramenta para a justiça: analisando a experiência da *Themis*”. *Revista Themis Gênero, Justiça e Direito*, Porto Alegre, v. 3, pp. 52-64, nov. 2018.

______; BERTOLDI, Marcia Rodrigues. “Considerações sobre a laicidade brasileira a partir da criminalização das expressões religiosas das tradições de matriz africana”. *Revista Relegens Thréskeia*, Curitiba, v. 6, n. 2, pp. 1-23, jan. 2017.

______; BURIGO, Joana; MACHADO, Rosana Pinheiro. “O Brasil pós-impeachment a partir da vida das mulheres”. *Cult: Revista brasileira de cultura*. São Paulo, pp. 32-5, 1 set. 2017.

______. “Mulheres negras e a cidade: um debate a partir do pensamento de Patricia Hill Collins”. In: CERQUEIRA, Jéssica Tavares (Org.). *130 anos pós--Abolição: vivências negras no espaço urbano*. São Paulo: Instituto Brasileiro de Direito Urbanístico, 2017, p. 11-6.

______; SOLANO, Esther; MACHADO, Rosana Pinheiro; GARCIA, Tamires de Oliveira; BURIGO, Joanna; IGNACIO, Tayná (Orgs.). *Tem saída?: ensaios críticos sobre o Brasil*. Porto Alegre: Zouk, 2017.

______. “Porque marchamos pelo direito ao próprio corpo ou não acredito que é 2015 e estou tendo que falar sobre isso”. *Diário Popular*. Pelotas, p. 5, 13 nov. 2015.

______. “Resposta à dra. Rosane Michels: sobre crueldade, sobre religiosidade, sobre respeito: um diálogo”. *Sul 21*, Porto Alegre, 1º jun. 2015.

CARNEIRO, Sueli. *Escritos de uma vida*. São Paulo: Pólen Livros, 2019.

______. *Racismo, sexismo e desigualdade no Brasil*. São Paulo: Selo Negro, 2011.

______. *A construção do outro como não-ser como fundamento do ser*. Tese (doutorado). Faculdade de Educação da Universidade de São Paulo. São Paulo, 2005.

______. “Enegrecer o feminismo: a situação da mulher negra na América Latina de uma perspectiva de gênero”. *Ashoka Empreendedores Sociais*. Rio de Janeiro: Takano, 2003.

______. “Gênero e raça”. In: BRUSCHINI, Cristina; UNBEHAUM, Sandra (Orgs.). *Gênero, democracia e sociedade brasileira*. São Paulo: Fundação Carlos Chagas/Editora 34, 2002.

______. “O mito da democracia racial”. In: LAMOUNIER, Bolívar (Org.). *Brasil & África do Sul: uma comparação*. São Paulo: Editora Sumaré, 1996.

______. “Racismo e discriminação”. *Cadernos Cebrap: Novas Faces da Cidadania: identidades políticas e estratégias culturais*, n. 4, 1996.

______. “Defining Black Feminism”. In: PALA, Achola O. *Connecting Across Cultures and Continents: Black Women Speak Out on Identity, Race and Development*. Nova York: Unifem, 1995.

______. “Gênero, raça e ascensão social”. *Revista Estudos Feministas*, Rio de Janeiro: IFCS-UFRJ, 1995, v. 3, n. 2.

______. “A organização nacional das mulheres negras e as perspectivas políticas”. *Revista de Cultura Vozes*. Petrópolis: Editora Vozes, 1990.

DAVIS, Angela. *A democracia da abolição*. Trad. de Artur Neves Teixeira. São Paulo: Boitempo, 2019.

______. *A liberdade é uma luta constante*. Trad. de Heci Regina Candiani. São Paulo: Boitempo, 2018.

______. *Estarão as prisões obsoletas?* Trad. de Marina Vargas. Rio de Janeiro: Difel, 2018.

______. *Mulheres, cultura e política*. Trad. de Heci Regina Candiani. São Paulo: Boitempo, 2017.

______. *Mulheres, raça e classe*. Trad. de Heci Regina Candiani. São Paulo: Boitempo, 2016.

______. *Uma autobiografia*. Trad. de Heci Regina Candiani. São Paulo: Boitempo, 2019.

COLLINS, Patricia Hill. *Interseccionalidade*. São Paulo: Boitempo, 2021.

DIANGELO, Robin. *Nice Racism: How Progressive White People Perpetuate Racial Harm*. Boston: Beacon Press, 2021.

______. *What Does It Mean To Be White? Developing White Racial Literacy: Revised Edition*. Peter Lang Incorporated, International Academic Publishers, 2017.

______; SENSOY, Özlem. “‘Diverse Candidates Encouraged To Apply...’: How Faculty Hiring Committees Reproduce Whiteness and Practical Suggestions for How They Can Change”. *Harvard Educational Review*, 2017.

______; THURBER, Amie. “Microaggressions: Intervening in Three Acts”. *Journal of Ethnic & Cultural Diversity in Social Work*, 2017.

______. “When You Do it To Me, It’s Racism”. In: SMITH, Kersha; HALL, Marcella Runnel (Orgs.). *Uncommon Bonds: Women Reflect on Making and Maintaining Interracial Friendships*. Nova York: Peter Lang, 2017.

______; SENSOY, Özlem. “Calling in: Ways of Speaking, Thinking, Seeing: Cultivating Humility, Curiosity, and Vision in Service of Anti-racist Practice”. *Journal of Understanding and Dismantling Privilege*, 2014.

______; SENSOY, Özlem . “Getting Slammed: White Depictions of Cross-racial Dialogues as Arenas of Violence”. *Race & Ethnicity in Education*, 2014.

______; MATIAS, Cheryl E. “Beyond the Face of Race: Emo-Cognitive Explorations of White Neurosis and Racial Cray-Cray”. *Journal of Educational Foundations*, 2013.

______. "Nothing to Add: The Role of White Silence in Racial Discussions". *Journal of Understanding and Dismantling Privilege*, 2012.

______; SCHOROEDER, Carole. "Addressing Whiteness in Nursing Education: The Sociopolitical Climate Project at the University of Washington School of Nursing". *Advances in Nursing Science*, 2010.

______; FLYNN, Darlene. "Showing What We Tell: Facilitating Antiracist Education in Cross-racial Teams". *Journal of Understanding and Dismantling Privilege*, 2010.

______. "My Class Didn't Trump My Race: Using Oppression To Face Privilege". *Multicultural Perspectives*. v. 8, pp. 51-56, 2006.

______; MATLOCK, Sarah A. "We Put it in Terms of 'Not-nice': White Anti-racist Parenting". *Journal of Progressive Human Services*, 2006.

______; ALLEN, David. "My Feelings Are Not About You: Personal Experience as a Move of Whiteness". InterActions. *UCLA Journal of Education and Information Studies*, v. 2, 2006.

______. "The Production of Whiteness in Education: Asian International Students in a College Classroom". *Teachers College Record*. v. 10, pp. 1960-82, 2006.

EVARISTO, Conceição. *Becos da memória*. Rio de Janeiro: Pallas, 2006.

______. *Olhos d'água*. Rio de Janeiro: Pallas, 2014.

______. *Poemas da recordação e outros movimentos*. Rio de Janeiro: Malê, 2017.

FAUSTINO, Deivison. "Notas sobre a sociogenia, o racismo e o sofrimento psicossocial no pensamento de Frantz Fanon". *Revista Eletrônica Interações Sociais*. Porto Alegre: FURG, 2020, v. 4, pp. 10-21.

______; GONÇALVES, Renata. "A nova pandemia e as velhas relações coloniais, patriarcais e racistas do capitalismo brasileiro". *Lutas Sociais*. São Paulo: PUC-SP, 2020, v. 24, pp. 275-89.

______. "Revisitando a recepção de Frantz Fanon: o ativismo negro brasileiro e os diálogos transnacionais em torno da negritude". *Lua Nova: Revista de cultura e política*. São Paulo: Cedec, 2020, v. 1, pp. 303-31.

______. "Frantz Fanon: capitalismo, racismo e a sociogênese do colonialismo". *Ser Social*. Brasília: UnB, 2018, v. 20, pp. 148-63.

______. *Frantz Fanon: um revolucionário, particularmente negro*. 1. ed. São Paulo: Ciclo Contínuo, 2018.

______; RIBEIRO, Alan Augusto Moraes. "Negro tema, negro vida, negro drama: estudos sobre masculinidades negras na diáspora". *Revista Transversos*. Rio de Janeiro: PPGH-UERJ, 2017, v. 10, pp. 163-82.

______. “A práxis e a consciência política e social em Frantz Fanon”. *Lutas Sociais.* São Paulo: PUC-SP, 2015, v. 19, pp. 158-73.

______. “O encarceramento em massa e os aspectos raciais da exploração de classe no Brasil”. *Revista PUC Viva*, São Paulo: PUC-SP, 2012, v. 39, pp. 14-25.

______. “O que Fanon disse, afinal? Lewis Gordon e a defesa de uma abordagem fanoniana”. *Plural,* São Paulo: PPGS-UFSCar, 2015, v. 22, pp. 247-53.

______. “A emoção é negra e a razão é helênica? Considerações fanonianas sobre a (des)universalização do ‘ser’ negro”. *Revista Tecnologia e Sociedade.* Curitiba: UTFPR, 2013, v. 1, pp. 121-36.

FREIRE, Paulo. *Educação como prática da liberdade.* São Paulo: Paz e Terra, 1967.

______. *Pedagogia do oprimido.* São Paulo: Paz e Terra, 1968.

______. *Pedagogia da esperança.* São Paulo: Paz e Terra, 1992.

______. *Pedagogia da autonomia.* São Paulo: Paz e Terra, 1996.

LISBOA, Ana Paula. “Artigos de sua coluna no jornal *O Globo*”. *O Globo*, 2015--2021. Disponível em: <glo.bo/2UMnYon>.

LOPES, Nei. *Enciclopédia brasileira da diáspora africana.* São Paulo: Selo Negro Edições, 2011.

______. *Dicionário da história social do samba.* Rio de Janeiro: Civilização Brasileira, 2015.

______. *Filosofias africanas: uma introdução.* Rio de Janeiro: Civilização Brasileira, 2020.

______. *Kitabu: o livro do saber e do espírito negro-africanos.* São Paulo: Senac, 2005.

______. *Novo dicionário banto do Brasil.* Rio de Janeiro: Pallas, 2006.

MULLER, Tânia Mara Pedroso; CARDOSO, Lourenço (Orgs.). *Branquitude: estudos sobre a identidade branca no Brasil.* Curitiba: Appris, 2017.

NASCIMENTO, Abdias. *O genocídio do negro brasileiro: processo de um racismo mascarado.* São Paulo: Perspectiva, 2016.

PACHECO, Ronilso. “Brasil cria estética de integração racial e na política é segregador”. Disponível em: <bit.ly/309SMMe>. Acesso em: 10 mar. 2023.

______. “Contra o cristofascismo: a teologia negra ajuda a dissociar os evangélicos do retrocesso com que são identificados pelas alianças de parte de seus líderes com a extrema direita”. *Serrote*, São Paulo, v. 35-6, nov. 2021.

______. “É hora de racializar o debate sobre o sistema prisional no Brasil”. In: MALLART, Fabio; GODOI, Rafael (Orgs.). *BR 111: a rota das prisões brasileiras.* São Paulo: Le Monde Diplomatique e Editora Veneta, 2021, pp. 1-21.

______. “Temos um racismo mascarado naturalizado: diz teólogo ativista sobre assassinato de João Alberto”. Disponível em: <glo.bo/3Ef-GKGK>. Acesso em: 10 mar. 2023.

______. “Uma teologia como chave para oprimidos resistirem à aspereza da vida: entrevista especial com Ronilso Pacheco”. Disponível em: <bit.ly/3pc249O>. Acesso em: 10 mar. 2023.

______. “De racismo e demonizações: o que as perseguições e ataques às religiões afro dizem sobre o Brasil”. In: TORRES, Ely Orrego. *Las paradojas de la libertad religiosa en América Latina*. Santiago: Gemrip, 2019, pp. 101-10.

______. *Teologia negra: o sopro antirracista do Espírito*. São Paulo/ Brasília, DF: Recriar/ Novos Diálogos, 2019.

______. *Ocupar, resistir, subverter: igreja e teologia em tempos de violência, racismo e opressão*. Brasília: Novos Diálogos, 2016.

______. *Profetismo: utopia e insurgência*. São Paulo: Recriar, 2019.

PODCAST NEGRA VOZ: [locução de] Tiago Rogero. [S. l.] *O Globo*, fev. 2020. Podcast. Disponível em: <spoti.fi/3wAOv5t>. Acesso em: 7 fev. 2023.

PIRES, Thula; GILL, Andréa B. “Los límites de la democracia en Améfrica Ladina”. In: RONCONI, Liliana; CLÉRICO, Laura; HERRERA, Marisa (Orgs.). *Tratado de géneros, derechos y justicia: derecho constitucional y derechos humanos*. 1. ed. Santa Fe: Rubinzal-Culzoni, 2021. v. 1, pp. 111-37.

______. “Diálogo com Fanon: o negro como não ser”. In: MAGNO, Patrícia Carlos; PASSOS, Rachel Gouveia (Orgs.). *Direitos humanos, saúde mental e racismo: diálogos à luz do pensamento de Frantz Fanon*. 1. ed. Rio de Janeiro: Defensoria Pública do Estado do Rio de Janeiro, 2021. v. 1, pp. 258-71.

______; FLAUZINA, Ana Luiza Pinheiro. “Políticas da morte: Covid-19 e os labirintos da cidade negra”. *Revista Brasileira de Políticas Públicas*, v. 10, pp. 67-84, 2020.

______. “Por uma concepção amefricana dos direitos humanos”. In: HOLLANDA, Heloisa Buarque (Org.). *Pensamento feminista hoje: perspectivas decoloniais*. 1. ed. Rio de Janeiro: Bazar do Tempo, 2020, pp. 298-318.

______; FLAUZINA, Ana Luiza Pinheiro (Orgs.). *Rebelião*. Brasília: Brado Negro, 2020.

______; FLAUZINA, Ana Luiza Pinheiro. “Roteiros previsíveis: racismo e justiçamentos no Brasil. Trincheira Democrática”. *Revista do Instituto Baiano de Direito Processual Penal*, v. 8, pp. 8-10, 2020.

______; FLAUZINA, Ana Luiza Pinheiro. “Supremo Tribunal Federal e a naturalização da barbárie”. *Revista Direito e práxis*, v. 11, pp. 1211-37, 2020.

______; FLAUZINA, Ana Luiza Pinheiro. “Cartas do cárcere: horizontes de resistência política”. *Revista Direito e práxis*, v. 10, pp. 2117-36, 2019.

______. "Direitos humanos e Améfrica Ladina: por uma crítica amefricana ao colonialismo jurídico". *Lasa Forum*, v. 50, pp. 69-74, 2019.

______. "Direitos humanos traduzidos em pretuguês". In: DUARTE, Evandro Piza; BARRETTO DE SÁ, Gabriela; QUEIROZ, Marcos (Orgs.). *Cultura jurídica e Atlântico negro: história e memória constitucional*. 1. ed. Rio de Janeiro: Lumen Juris, 2019, v. 1, pp. 47-60.

______; LOPES, Ana Carolina Mattoso. "Para além do colonialismo jurídico: rumo a uma concepção amefricana do Direito". In: MIÑOSO, Yuderkys Espinosa (Org.). *Feminismo descolonial: nuevos aportes teórico-metodológicos a más de una década*. 1. ed. Quito: Ediciones Abya-Yala, 2019, v. 1, pp. 103-22.

______. "130 anos de Lei Áurea e 30 anos da Constituição de 1988: constitucionalismo e decolonialidade em perspectiva diaspórica". In: GÓES, Luciano (Org.). *130 anos de (des)ilusão: a farsa abolicionista em perspectiva desde olhares marginalizados*. 1. ed. Belo Horizonte: D'Plácido, 2018, pp. 463-86.

______. "Estruturas intocadas: racismo e ditadura no Rio de Janeiro". *Revista Direito e práxis*, v. 9, pp. 1054-79, 2018.

______. "Por um constitucionalismo ladino-amefricano". In: BERNARDINO-COSTA, Joaze; MALDONADO-TORRES, Nelson; GROSFOGUEL, Ramón (Orgs.). *Decolonialidade e pensamento afrodiaspórico*. 1. ed. Belo Horizonte: Autêntica, 2018, pp. 285-303.

______; FREITAS, Felipe Pires (Org.). *Vozes do cárcere: ecos da resistência política*. 1. ed. Rio de Janeiro: Kitabu, 2018.

PIRES, Thula. "Criminologia crítica e pacto narcísico: por uma crítica criminológica apreensível em pretuguês". *Revista Brasileira de Ciências Criminais*, n. 135, pp. 541-562, 2017.

______. *Criminalização do racismo: entre política de reconhecimento e meio de legitimação do controle social sobre os negros*. 1. ed. Brasília: Brado Negro, 2016, v. 1.

PRUDENTE, Eunice. *O direito de participação popular nas constituições federal e estadual e nas leis orgânicas dos municípios da região metropolitana da grande São Paulo*. São Paulo: Emplasa, 1993.

______. *Preconceito racial e igualdade jurídica no Brasil*. Porto Alegre: Julex, 1990.

______. *Gênero, etnia e sexualidade: mecanismos de prevenção à violência*. São Paulo: LiberArs, 2020.

SANTANA, Bianca. *Continuo preta: a vida de Sueli Carneiro*. São Paulo: Companhia das Letras, 2021.

______. *Arruda e guiné: resistência negra no Brasil contemporâneo*. São Paulo: Fósforo, 2022.

SOVIK, Liv. "Através do olhar da representação: sobre estereótipos e comunicação". *Revista Heterotopías*. Córdoba: Universidad Nacional Córdoba, 2020, v. 3, n. 6, pp. 1–27.

______. "Chica da Silva as Vulto Histórico: Brazilian Imaginaries and Gender Violence". *Revista Letterature d'América*. Roma: Universitá La Sapienza di Roma, 2017, n. 165, pp. 5-22.

______ (Org.). *Da diáspora: identidades e mediações culturais*. Belo Horizonte/ Brasília: UFMG/Unesco, 2003.

______. *Por que tenho razão: branquitude, estudos culturais e a vontade de verdade acadêmica. Revista Contemporânea*. Salvador: UFBA, 2005, v. 3, n. 2, pp. 159-80.

______. "Subjetividades brancas: o caso Vazante". In: SIQUEIRA, Denise (Org.). *Corpos, imaginários e afetos nas narrativas do eu*. Rio de Janeiro: e-papers, 2020, p. 201-12.

______. "We Are Family: Whiteness in the Brazilian Media". *Journal of Latin American Cultural Studies*, v. 13, n. 3, pp. 315-25, 2004.

SCHUCMAN, Lia Vainer. "O que o 'medo branco' tem a dizer sobre lugar de fala, raça, Beyoncé e cancelamento: para pesquisadora, reação de pessoas brancas a polêmica racial reflete temor de se ver como alvo de deboche", 2020. Disponível em: <bit.ly/3kf7TCk>. Acesso em: 7 fev. 2023.

______. "Qual é o papel dos brancos na luta antirracista?" [Entrevista concedida a] Juliana Domingos de Lima. *Nexo Jornal*, São Paulo, 2020.

TEIXEIRA, Juliana. *Trabalho doméstico: coleção Feminismos Plurais*. São Paulo: Jandaíra, 2021.

VARGAS, João Costa. *Antinegritude: o impossível sujeito negro na formação social brasileira*. Cruz das Almas: Editora UFRB, 2016.

______. *Motim: horizontes do genocídio antinegro na diáspora*. S/l: Brado, 2019.

VAZ, Lívia Sant'Anna. *Cotas raciais: coleção Feminismos Plurais*. São Paulo: Jandaíra, 2022.

VIDAS NEGRAS: [locução de] Tiago Rogero. [S. l.] Rádio Novelo, out. 2020. Podcast. Disponível em: <spoti.fi/3i79xDH>. Acesso em: 7 fev. 2023.

WEINSTEIN, Barbara. *A cor da modernidade: a branquitude e a formação da identidade paulistana*. Trad. de Ana Maria Fiorini. São Paulo: Edusp, 2022.

WERNECK, Jurema. "Algunas consideraciones sobre racismo, sexismo y la tecnología eugénica". In: AUGUSTEN, Frank. et al. (Org.). *¿Un Mundo Patentado?: La privatización de la vida y el conocimiento*. 1. ed. Córdoba: Fundación Via Libre, 2005, pp. 197-204.

______. "É preciso imagem para recuperar a identidade: histórias de nós, mulheres negras e processos de aniquilamento". In: SILVA, Daniele Andrade da; HERNÁNDEZ, Jimena de Garay; LOPES JR., Aureliano; UZIEL, Anna Paula (Orgs.). *Feminilidades: corpos e sexualidades em debate*. 1. ed. Rio de Janeiro: EDUERJ, 2013, pp. 39-48.

______. "Intersecções de raça/ etnia, gênero e classe: faces cotidianas e teóricas". In: ASSIS, Luzinete Simões Minella; FUNCK, Susana Bornéo (Orgs.). *Entre lugares e mobilidades: desafios feministas*. 1. ed. Tubarão: Editora Copiart, 2014, v. 3, pp. 319-28.

______. "Quem vai dizer o nome dela? Sobre violências, aniquilamentos e mulheres negras". In: FLAUZINA, Ana Luiza Pinheiro; VARGAS, João Costa Helion (Orgs.). *Motim: horizontes do genocídio antinegro na Diáspora*. 1. ed. Brasília: Brado Negro, 2017, v. 1, pp. 1-196.

______. "Iniquidades raciais em saúde e políticas de enfrentamento: experiências do Canadá, Estados Unidos, África do Sul e Reino Unido". In: Fundação Nacional de Saúde/Funasa (Org.), *Saúde da População Negra no Brasil*. Brasília: 2005, pp. 315-86.

______; IRACI, Nilza; CRUZ, Simone (Orgs.). *Mulheres negras na primeira pessoa*. 1. ed. Porto Alegre: Redes Editora, 2012, v. 1.

______; MENDONÇA, Maisa; WHITE, Evelyn. *O livro da saúde das mulheres negras: nossos passos vêm de longe*. Rio de Janeiro: Pallas, 2000.

______. "Mulheres negras brasileiras e os resultados de Durban". In: DE PAULA, Marilene; HERINGER, Rosana (Orgs.). *Caminhos convergentes: estado e sociedade na superação das desigualdades raciais no Brasil*. 1. ed. Rio de Janeiro: Fundação Heinrich Boll/Acionaid, 2009, pp. 111-36.

______. "Nossos passos vêm de longe! Movimento de mulheres negras e estratégias políticas contra o sexismo e o racismo". In: VERSCHUUR, Christine (Org.). *Vents d' Est, vents d'Ouest: Mouvements de femmes et feminisms anticoloniaux*. 1. ed. Genebra/Berna: Institut de Hautes Études Internationales et du Développement, 2009, pp. 151-63.

______. "O belo ou o puro? Racismo, eugenia e novas (bio)tecnologias". In: ROTANIA, Alejandra A. (Org.). *Sob o signo das bios: vozes críticas da sociedade civil*. 1. ed. Rio de Janeiro: E-papers serviços editoriais, 2004, v. 1, pp. 49-63.

______. *O samba segundo as Ialodês: mulheres negras e cultura midiática*. 2007. 318f. Tese (doutorado). Escola de Comunicação da Universidade Federal do Rio de Janeiro. Rio de Janeiro, 2007.

Índice remissivo

FSC
www.fsc.org
MISTO
Papel | Apoiando o manejo florestal responsável
FSC® C011095

A marca FSC® é a garantia de que a madeira utilizada na fabricação do papel deste livro provém de florestas gerenciadas de maneira ambientalmente correta, socialmente justa e economicamente viável e de outras fontes de origem controlada.

Fósforo
EDITORAS Rita Mattar e Eloah Pina
ASSISTENTES EDITORIAIS Mariana Correia Santos e Cristiane Alves Avelar
PREPARAÇÃO Leonardo Ortiz
REVISÃO Gabriela Rocha e Andrea Souzedo
ÍNDICE REMISSIVO Probo Poletti
DIRETORA DE ARTE Julia Monteiro
CAPA Acauã Novais
PROJETO GRÁFICO Alles Blau
EDITORAÇÃO ELETRÔNICA Página Viva

Ibirapitanga
IDEALIZAÇÃO E CURADORIA DO SEMINÁRIO André Degenszajn, Iara Rolnik, Lia Vainer Schucman, Mohara Valle e Thales Vieira
COORDENAÇÃO EDITORIAL Iara Rolnik e Mohara Valle
TRANSCRIÇÃO DE ÁUDIO Thânisia Cruz
EDIÇÃO E REVISÃO Tatiana Custódio e Raphael Bandeira
TRADUÇÃO Raquel Souza
REVISÃO DA TRADUÇÃO Raquel Souza

Dados Internacionais de Catalogação na Publicação (CIP)
(Câmara Brasileira do Livro, SP, Brasil)

Branquitude : diálogos sobre racismo e antirracismo / organização Ibirapitanga e Lia Vainer Schucman. — 1. ed. — São Paulo : Fósforo, 2023.

Vários autores.
Vários colaboradores.
Bibliografia.
ISBN: 978-65-84568-31-0

1. Antirracismo 2. Entrevistas 3. Identidade étnica 4. Movimentos negros 5. Negros — Identidade racial 6. Racismo 7. Racismo — Aspectos sociais 8. Racismo — Brasil I. Schucman, Lia Vainer.

23-143031 CDD — 305-8

Índice para catálogo sistemático:
1. Antirracismo : Racismo : Relações sociais 305.8

Henrique Ribeiro Soares — Bibliotecário — CRB-8/9314

Editora Fósforo
Rua 24 de Maio, 270/276
10º andar, salas 1 e 2 — República
01041-001 — São Paulo, SP, Brasil
Tel: (11) 3224.2055
contato@fosforoeditora.com.br
www.fosforoeditora.com.br

Este livro foi composto em GT Alpina e
GT Flexa e impresso pela Ipsis em papel
Pólen Natural 80 g/m² da Suzano para a
Editora Fósforo em abril de 2023.